LA
GROTTE SÉPULCRALE DE ST-JEAN D'ALCAS
ET LES
DOLMENS DE PILANDE ET DES COSTES

DERNIERS TEMPS

DE L'AGE DE

LA PIERRE POLIE

DANS L'AVEYRON

LA GROTTE SÉPULCRALE DE SAINT-JEAN D'ALCAS ET LES DOLMENS DE PILANDE ET DES COSTES

PAR

P. CAZALIS DE FONDOUCE

INGÉNIEUR, LICENCIÉ ÈS-SCIENCES NATURELLES
MEMBRE DE LA SOCIÉTÉ GÉOLOGIQUE DE FRANCE ET DE LA SOCIÉTÉ D'ANTHROPOLOGIE DE PARIS

Avec 5 Planches lithographiées

Mémoire honoré d'une Médaille de vermeil par l'Académie impériale des Sciences Inscriptions et Belles-Lettres de Toulouse.

PARIS
SAVY, Libraire-Éditeur, rue Hautefeuille, 24.
MONTPELLIER
COULET, Libraire, Grand'rue, 5.

1867

LA

GROTTE SÉPULCRALE DE S^T-JEAN D'ALCAS

ET LES

DOLMENS DE PILANDE ET DES COSTES

Pendant un séjour que je fis à Saint-Affrique au mois de juillet 1863, j'appris qu'en 1838 on avait trouvé, dans une petite grotte située près du village de Saint-Jean-d'Alcas, des ossements humains et des pointes de flèches en silex. Bien que cette découverte remontât à une époque déjà fort ancienne, je me rendis immédiatement sur ce point, pour y faire des fouilles: les résultats qu'elles me donnèrent furent assez satisfaisants pour m'engager à les reprendre lors d'un second voyage que je fis dans l'Aveyron au mois de mars suivant. Après m'être entouré de tous les renseignements que je pus me procurer sur les lieux, j'adressai sur ce sujet à l'Académie des sciences, par le bienveillant intermédiaire de M. de Quatrefages, une note qui fut insérée dans les Comptes-rendus hebdomadaires du 25 avril 1864.

Quelque temps après, j'appris que cette petite grotte avait été, lors de sa découverte, l'objet d'une Notice lue par M. l'abbé Ravaille dans une des séances de la Société des sciences, lettres et arts de l'Aveyron, et publiée dans les Mémoires de cette compagnie. N'ayant pas trouvé à me procurer le volume à Montpellier, je me rendis à Rodez au mois d'août 1865, et je pus me féliciter d'avoir entrepris ce voyage, car je trouvai plus que je n'étais allé chercher. M. l'abbé Ravaille avait en effet donné au musée de la Société, dont il était un des membres les plus zélés, les objets qu'il avait décrits dans son mémoire. Je les y retrouvai en grande partie, et, grâces à l'obligeance de M. Courtials, conservateur de cette collection, je pus à loisir les étudier et les dessiner.

Je reconnus alors que l'un des renseignements qui m'avaient été donnés sur les lieux, et que j'avais inséré dans ma Note à l'Institut, était erroné, savoir : l'absence, à Saint-Jean-d'Alcas, de tout objet en métal. Il en avait, au contraire, été trouvé quelques-uns, mais en très-petit nombre, et je m'empresse, dès le début de ce Mémoire, de rectifier cette erreur.

En réunissant aux objets que je pus voir à Rodez ceux que j'avais déjà recueillis moi-même dans mes fouilles, je pus me convaincre qu'il y avait identité complète avec ceux que j'avais retirés de certains dolmens des environs de Saint-Affrique, et notamment de ceux de Pilande et des Costes. Pour rendre cette identité plus frappante, j'ai joint à ce Mémoire des Planches, dont les trois premières sont consacrées à la reproduction des ustensiles et des armes provenant de la grotte sépulcrale de Saint-Jean-d'Alcas, et la quatrième à celle des objets du même genre provenant des dolmens de Pilande et des Costes.

Ce travail était à peu près terminé lorsque M. P.-E. Cartailhac (de Toulouse), qui s'est livré à des recherches de la même nature que les miennes, dans l'arrondissement de Saint-Affrique, a bien voulu me faire part des découvertes faites par lui dans ces localités. Ces objets, qui lui avaient suggéré le même rapprochement, sont d'ailleurs des doubles de quelques-uns de ceux que j'avais déjà figurés dans mes planches, sauf une sorte d'os appointi à ses deux extrémités, que j'y ai ajouté.

L'arrondissement de Saint-Affrique, qui par toute sa partie orientale s'étend sur le Larzac, renferme un grand nombre de monuments en pierres brutes, vulgairement désignés sous le nom de monuments celtiques, tels que dolmens, menhirs, etc. M. Valadier, dans une communication lue pendant la XXXe session du Congrès archéologique de France, portait à 177 le nombre des dolmens de l'Aveyron. Depuis lors, M. le comte de Sambucy-Luzençon et M. Cartailhac en ont trouvé et fouillé quelques-uns qui n'avaient jamais été signalés, et j'ai eu la même bonne fortune. Cela suffit pour indiquer l'importance de cette région aux curieux de ces sortes de monuments

Ajoutons qu'ils sont également nombreux dans les portions du Larzac qui appartiennent aux départements du Gard et de l'Hérault, dans les départements voisins du Tarn et du Lot, et que, par suite, cette partie de la France peut venir prendre rang à côté de la Bretagne, ce pays classique des *pierres celtiques* [1].

Quelques cavernes contenant des ossements humains ont été aussi observées dans la région Saint-Affricaine du Larzac.

Au mois de juillet 1864, j'adressai à l'Académie des sciences une Note qui fut insérée dans les Comptes-rendus, pour signaler la présence d'ossements humains, avec des poteries primitives, dans le limon d'une caverne au-dessous d'une couche de stalagmite. Cette caverne était située sur le flanc nord du Guilhaumard, un des contreforts du Larzac, à quelques mètres au-dessus de la belle source de la Sorgue. Elle a été aussi le sujet de fouilles et de communications, de la part de M. le comte de Sambucy. L'âge de ces ossements est resté très-incertain ; car, malgré la nature toute primitive des poteries, qui se rapprochent de celles de l'âge de la pierre, M. Pruner-Bey a déterminé comme appartenant à l'époque romaine les crânes que lui avait soumis M. de Sambucy.

Ce dernier a encore fait connaître la caverne de Mattarel, mise à jour par un éboulement d'une partie de la

[1] Je n'emploie ici ce mot de *celtique* que comme étant une dénomination vulgaire, et sans rien préjuger sur l'origine de ces monuments et la race du peuple qui les a élevés.

corniche du Larzac qui fait face au petit village de Tournemire. On y trouva dix squelettes humains parfaitement entiers, mais rien ne permit d'en préciser l'âge, qui ne paraît pas toutefois devoir être très-ancien.

Dans la même région se trouve enfin la caverne de Saint-Jean-d'Alcas, qui fait le sujet de ce travail, et dans laquelle les ossements humains se sont trouvés associés à quelques débris d'animaux et à des produits de l'industrie, armes ou objets de toilette, qui permettent d'en apprécier la haute antiquité [1].

Les vallées les plus basses de l'arrondissement de Saint-Affrique sont creusées dans les grès bigarrés du trias. C'est dans une vallée de cette nature que coule, parallèlement au Larzac, la Sorgue, dont nous mentionnions tantôt la source, et qui vient se jeter près de Saint-Affrique dans le Dourdou. Pour s'élever de cette vallée sur le Larzac, dont le plateau est constitué par les calcaires oolithiques, il faut traverser un large plateau inférieur formé par les marnes et les calcaires du lias. C'est dans les profondes érosions de ce sous-plateau que coulent les petites rivières et les torrents qui, descendus des flancs du Larzac, viennent se jeter dans la Sorgue.

De même que la caverne à ossements de Sorgues est

[1] « Parmi les nombreuses divinités gauloises qu'a retrouvées M. du Mége, sont nommés les dieux Aherbelste, Xuban, Illumber et *Alcas*! Il se pourrait bien que ce dernier dieu fût autrefois honoré d'une manière particulière au lieu où a été découverte la caverne. » (Ravaille, *loc. cit.*, pag. 157. — Voyez du Mége ; *Notes sur l'histoire du Languedoc*, tom. I.)

située près de la source de la rivière qui porte ce nom, c'est sur les bords d'un de ses affluents, le Verzoulet ou Brezoulet, qu'est située celle de Saint-Jean-d'Alcas, non loin de l'unique source où les habitants de ce village vont puiser l'eau qui leur est nécessaire.

Cette observation doit faire espérer, comme je le faisais remarquer dans une de mes Notes [1], qu'on pourra un jour retrouver dans les environs de ces grottes les habitations des familles dont nous n'avons encore trouvé que les sépultures. J'ai en effet remarqué en bien des localités, notamment à La Roque (Hérault), et à Bize (Aude), que les sépultures étaient en général très-rapprochées des habitations, et cela se conçoit aisément ; il en a toujours été de même chez tous les peuples. Mais, de plus, pour qu'une localité ait pu être habitée, il faut qu'elle remplisse une condition tout à fait nécessaire, celle de se trouver à proximité de l'eau, dont l'usage est indispensable à la vie. Or, les environs de Sorgue et de Saint-Jean d'Alcas remplissent cette condition ; aussi ai-je le ferme espoir que de nouvelles découvertes nous diront, un jour, si l'habitation de ces familles était dans des grottes encore ignorées, ou sous des huttes en branchages et en chaume dont il faut rechercher les traces en sondant toutes les petites éminences que le sol peut présenter dans les environs, pour s'assurer si elles ne sont pas formées d'amas de cendres, de pierres calcinées et de débris de cuisine.

[1] *Comptes-rendus de l'Académie des sciences*, 18 juillet 1864.

La grotte de Saint-Jean d'Alcas, creusée dans une roche dolomitique de la formation de l'infra-lias, mérite à peine ce nom par l'exiguïté de ses dimensions. C'est une simple cavité de 5 mètres de profondeur sur 6 mètres de largeur, creusée en demi-cercle, et dont la voûte offre assez bien l'aspect d'une voûte de four ayant environ 2 mètres dans sa plus grande hauteur. Elle est située à mi-côte sur le flanc sud d'une colline qui court de l'est à l'ouest, et qui a en ce point une cinquantaine de mètres de hauteur. De l'autre côté du vallon, à moins de 300 mètres, se groupent autour d'un vieux château féodal, les modestes maisons qui forment aujourd'hui le village de Saint-Jean d'Alcas.

L'ouverture qui donne accès par le sommet dans cette cavité, s'étend aujourd'hui sur tout son diamètre antérieur, en s'abaissant légèrement du côté de la vallée; mais avant les premières fouilles, il était loin d'en être ainsi. Elle avait été considérablement rétrécie, et pour cela, on avait disposé au-devant de l'entrée deux grandes dalles posées en forme de toit, s'arc-boutant l'une contre l'autre, de manière à ne laisser entre elles qu'une ouverture triangulaire, n'ayant qu'un mètre à sa base. De ces dalles, l'une était dolomitique comme la roche de la colline, l'autre était calcaire, et avait dû être portée d'assez loin. La première a été brisée, et l'on peut encore en voir sur place des débris; la seconde a été équarrie et employée par le sieur Combes, propriétaire de la grotte, pour servir de seuil à son four; ainsi réduite, elle a encore $1^m,75$ de long sur 1^m de large et $0^m,20$ d'épaisseur.

Lorsque le sieur Combes entreprit, en 1838, de déblayer cette cavité, dans l'idée de pouvoir utiliser cet abri naturel, l'état des lieux était encore tel que je viens de l'indiquer. Il en retira un terreau brun légèrement rougeâtre, qui la remplissait entièrement, et dans lequel se trouvaient mêlés des ossements humains et des débris d'une industrie fort ancienne, notamment des bouts de flèches et de lances en silex. Les terres furent rejetées au dehors ou au-devant du trou, et les chercheurs peuvent encore, en les remuant, y trouver bien des objets. Ce fait m'a permis de constater, d'une façon certaine, l'absence dans ces déblais de toute trace de charbon et de cendres, ainsi que de tout indice, tant à l'intérieur qu'à l'extérieur, du repas des funérailles signalé par M. Ed. Lartet à la caverne d'Aurignac.

Les ossements humains que l'on rencontra pendant le déblaiement de la cavité gisaient pêle mêle dans le terreau, presque sans connexion entre eux. J'ai pu retrouver dans les plus petites anfractuosités de la roche, des instruments et des os, et cela jusque dans une poche de la paroi où j'ai rencontré, entre autres, un calcanéum à côté d'un maxillaire inférieur. On serait donc tenté, au premier abord, d'admettre un remaniement postérieur, par suite de l'irruption des eaux qui, lors des gros orages, si fréquents dans le Midi, courent sur le flanc de la colline, et auxquelles l'entrée de la cavité était facilitée par la situation même de son ouverture sur le sommet.

Bien qu'une partie de la terre qui a complètement rempli la cavité ait pu être charriée par ces eaux, je crois devoir admettre que les cadavres avaient été primitivement recouverts de terre, de manière à être ensevelis. Ce terreau ne présente pas, en effet, l'aspect limoneux et plus ou moins homogène qu'il devrait avoir s'il avait été charrié par les pluies, mais celui d'une terre transportée contenant des pierres de grosseurs variées.

Quant au mélange des ossements, il est dû plutôt au mode d'ensevelissement employé qu'à un remaniement postérieur. Les cadavres étaient peut-être placés, comme je l'ai observé dans les dolmens, accroupis, la tête penchée sur la poitrine, entre les deux genoux qui étaient relevés, de sorte que la destruction du squelette devait finalement amener le mélange le plus complet. Il se peut encore que le mode de sépulture employé ait été celui qui est indiqué ci-après pour la sépulture d'Orrouy (Oise), et qui amène au même résultat.

On peut juger, par le grand nombre des débris d'ossements humains qu'on en a retirés, que la grotte de Saint-Jean d'Alcas était fort probablement une sépulture de famille.

M. l'abbé Ravaille pensait qu'après un combat entre deux tribus, les vainqueurs avaient offert les vaincus en sacrifice à leur divinité, sacrifice réalisé aussi bien par le massacre des femmes et des enfants que par celui des guerriers. Les cadavres avaient été ensuite ensevelis pêle mêle dans le trou le plus voisin. De telles hypothèses ne sont plus possibles, aujourd'hui que des sépultures analogues ont été retrouvées ailleurs et avec des dispositions à peu près semblables. On en a récemment fouillé une à Aubussargues, dans le département du Gard ; mais la plus célèbre, quoique d'une époque déjà antérieure, est sans contredit celle d'Aurignac. D'après M. Ed. Lartet, dont le nom a une autorité incontestable, les cadavres enterrés dans cette dernière sépulture l'auraient été à des reprises diverses, et non en une seule fois. « Il est à supposer, dit-il, qu'à chaque circonstance d'inhumation d'un corps humain, la dalle était écartée pour un moment, et ensuite réappliquée aussitôt la cérémonie terminée. »

La disposition des ossements observée dans la caverne d'Orrouy (Oise) ne laisse aucun doute sur la réalité de cette hypothèse. Voici en effet comment s'exprime M. Broca [1], en rendant compte au nom de M. Hazard de la découverte de cette sépulture : « L'existence du squelette entier qui occupait la couche superficielle, prouve que la caverne d'Orrouy n'était pas seulement un de ces ossuaires où l'on transportait les os exhumés d'un cimetière, mais que c'était réellement un lieu de sépulture. Ce squelette est celui du dernier individu inhumé dans la caverne. Il est probable qu'avant celui-là il y en avait un autre placé de la même manière, et dont les os ont été déplacés et entassés dans l'ossuaire, pour faire place au nouveau venu. Il est probable encore que celui-ci aurait été, comme le précédent, rejeté et confondu à son tour dans l'ossuaire, si un nouveau corps avait dû être introduit dans la caverne. Si ces suppositions sont exactes, il est

[1] *Bulletins de la Société d'anthropologie de Paris*, tom. V, pag. 50.

permis de croire que la caverne d'Orrouy était la sépulture d'une toute petite tribu, peut-être même d'une seule famille; car, avec un pareil mode d'inhumation, une caverne aussi petite ne pouvait être destinée à recevoir fréquemment des corps, et dès-lors le nombre considérable des ossements qu'on y a trouvés tend à faire admettre que cette sépulture a dû servir pendant un assez grand nombre de générations.»

Je crois pouvoir appliquer textuellement ces quelques phrases de M. Broca à la sépulture de Saint-Jean d'Alcas. Il est fâcheux que l'on n'ait pas pu, lors des premières fouilles, constater, comme à Orrouy, si le dernier corps enseveli était dans une position particulière et distincte, ce qui enlèverait évidemment tout doute sur l'attribution de cette caverne à une sépulture de famille. Ce n'est malheureusement pas là le seul désidératum que nous ont laissé nos prédécesseurs.

Lors des premières fouilles, les objets principaux et les restes les plus importants furent enlevés par les uns et les autres, et dispersés un peu partout ; dans les terres rejetées au-devant de la caverne on ne trouve guère aujourd'hui que des fragments et des débris. Il serait donc bien difficile maintenant de savoir à quel nombre d'individus se rapportaient les restes ensevelis dans cette cavité. M. l'abbé Ravaille, qui eut la bonne fortune d'arriver un des premiers sur les lieux, aurait peut-être pu l'estimer; mais il s'est laissé aller, dans son évaluation, à la tendance que les auteurs ont souvent d'exagérer.

Ce n'est pas, en effet, à moins de cent qu'il porte dans

son Mémoire le nombre des individus auxquels appartenaient ces ossements. Il suffit d'examiner la grotte, qui n'est à proprement parler qu'un trou, pour se convaincre qu'un pareil nombre n'est pas en rapport avec ses dimensions. Cet auteur ne donne d'ailleurs aucun fondement à son opinion, et même, en parlant ailleurs des crânes qu'il a pu étudier, il n'en porte pas le nombre à plus de douze. Quelle que soit du reste l'exagération du chiffre ainsi avancé, ce qui est certain, c'est que le nombre des cadavres qui furent ensevelis dans la grotte qui nous occupe était assez considérable.

Parmi eux se trouvaient des hommes, des femmes et des enfants, mais les premiers étaient de beaucoup les plus nombreux. Il y avait entre autres des phalanges si menues qu'elles témoignaient même d'enfants en bas âge. Pour montrer comment tous ces ossements ont été dispersés et perdus pour l'étude, je citerai un fait qui m'a été raconté par une personne de Saint-Jean. On trouva encore, il y a une quinzaine d'années, cinq crânes humains parfaitement conservés, réunis sur le même point; des enfants s'en emparèrent, et les brisèrent en les faisant rouler comme des boules.

M. Ravaille observa que ces ossements ne présentaient aucune trace d'incinération, et c'est ce que l'on peut vérifier encore aujourd'hui sur les nombreux débris contenus dans les déblais amoncelés à l'entrée de la grotte. La même observation peut être faite relativement aux ossements d'animaux qui leur étaient associés. Ceux-ci étaient d'ailleurs en très-petit nombre; aussi toute idée d'un repas funéraire qui aurait pu avoir lieu au-devant de la grotte doit-elle être écartée, soit à cause du peu d'importance de ces restes et de leur état, soit parce qu'il ne s'y en trouve aucune trace.

Ces derniers ossements appartenaient à des oiseaux de proie ou à des mammifères, parmi lesquels ne se trouve représenté aucun animal de très-grande taille, comme le bœuf ou le cheval, mais seulement des mammifères d'une taille moyenne, comme le cerf, le mouton, le chien, etc.; ou petite, comme le lapin, le rat d'eau, etc.; encore ces animaux ne sont-ils représentés, soit à Rodez, soit dans ma collection, que par quelques fragments.

Avec ces ossements ont été trouvés des débris d'industrie, armes ou ornements, ensevelis avec les morts auxquels ils avaient appartenu, ou ayant reçu une consécration votive, comme cela se pratique encore chez certaines peuplades sauvages. Ce sont d'abord des silex taillés, du travail le plus perfectionné, présentant les types de grattoirs et de pointes de lances ou de flèches unies ou dentées sur les bords. Ces armes avaient été ensevelies en grand nombre avec les cadavres, car il en a été retiré peut-être plusieurs centaines, si j'en crois les rapports qui m'en ont été faits par le propriétaire et les gens du pays; mais il ne s'y est point trouvé, à ma connaissance, d'autres instruments en silex.

Les haches étaient en serpentine polie et même en jade vert, fait très-important, car il annonce déjà à cette époque l'habitude de communications et de voyages, sinon des relations commerciales suivies et régulières.

Les objets propres à la toilette consistent en anneaux, perles et pendeloques en pierre, en jais, en albâtre calcaire, en os de mammifères, en test de coquille, en cuivre et en verre, de diverses formes et de diverses dimensions. Ceux en cuivre et en verre sont d'ailleurs très-peu abondants. Il en était de même des débris de poterie: M. Ravaille ne mentionne que des morceaux d'un seul vase, et je n'ai trouvé moi-même que trois fragments qui appartenaient aussi à un seul et même vase.

Dans la région qui s'étend autour de Saint-Jean d'Alcas, entre le Larzac et la Sorgue, il existe un certain nombre de dolmens, dont quelques-uns ont été explorés à diverses époques, et même assez récemment. Ces dolmens, qui s'élèvent en général du milieu d'un petit tertre de pierres, ne présentent aucune trace d'une prétendue rigole pour l'écoulement du sang des sacrifices. Je ne nierai pourtant pas qu'ils n'aient pu servir d'autels pour l'accomplissement des cérémonies religieuses; mais ce qui est certain, c'est qu'ils ont servi de sépulture, et je pense que c'est pour cet usage qu'ils ont été érigés. Toutefois, comme la mort a le privilége d'imposer à notre respect tout ce qu'elle touche, les pierres consacrées à recouvrir des dépouilles vénérées ont pu être en même temps consacrées au culte de la divinité. N'a-t-on pas vu partout, et ne voyons-nous pas encore en bien des pays, les sépultures se pressant autour des églises et sous les dalles mêmes des chapelles, offrir cette même réunion du culte et de la mort?

Mon attention s'est particulièrement portée sur trois de

ces monuments, dont deux situés à côté l'un de l'autre dans le tènement de Pilande, près du hameau de Truans, et le troisième, entre ceux-ci et Saint-Jean d'Alcas, au tènement des Costes. M. Flye Sainte-Marie, alors receveur des finances à Saint-Affrique, a bien voulu, en mon absence, faire fouiller pour moi ce dernier.

Les deux premiers sont dans un petit bois de chênes blancs, sur une retraite de la montagne en forme de gradin qui paraît se prolonger dans le sens de la vallée, et se répéter également de l'autre côté de la rivière au même niveau. La vallée a donc été creusée en deux reprises, mais il est probable qu'elle avait déjà sa configuration actuelle, lorsque les hommes qui habitèrent ces contrées à ces époques reculées, y élevèrent ces singuliers monuments.

Ces deux dolmens sont à 40 mètres l'un de l'autre, et leur orientation n'est pas exactement la même, bien qu'elle soit sensiblement, pour l'un et pour l'autre, de l'est à l'ouest, ce qui semblerait indiquer que ceux qui les élevèrent, tout en recherchant une orientation constante, n'attachaient pas une grande importance à une parfaite exactitude, car il eût été très-facile de mettre les axes de deux monuments aussi rapprochés dans un parallélisme parfait.

Ils ont fourni à mes recherches de très-bons résultats, et même MM. Cartailhac et l'abbé V. Ancessy, qui les ont de nouveau explorés après mon passage, y ont encore trouvé plusieurs objets intéressants qu'ils ont bien voulu me communiquer. L'un d'eux, qui avait entre les supports

$1^m,10$ de largeur et $2^m,50$ de longueur, contenait les restes d'au moins cinq individus, dont un enfant de sept ans, en train de faire sa seconde dentition. Le second, bien qu'un peu plus grand, ne m'a pas paru avoir contenu plus de trois individus.

Quant aux objets, armes ou parures, que renfermaient aussi ces trois monuments, ils formaient un ensemble absolument identique à celui de Saint-Jean d'Alcas, tant par la forme que par la matière, comme on pourra s'en convaincre par la suite de ce Mémoire et l'examen des planches qui l'accompagnent ; les fragments de poterie y étaient seulement bien plus nombreux et plus variés. J'y ai aussi trouvé des traces de quelques animaux qui, réunis à ceux de Saint-Jean d'Alcas, m'ont permis d'établir, au moins en partie, la faune de cette époque.

Il y a, en somme, identité entre les ensembles d'objets trouvés dans la caverne et dans les dolmens, et identité parfaite. C'est là un fait très-intéressant, car il montre que le peuple des dolmens ensevelissait ses morts, non-seulement dans ces monuments, mais aussi dans des cavernes, comme ceux des âges du renne et de l'ours. Nous reviendrons plus loin sur les considérations et les conséquences que l'on peut espérer d'en tirer; mais maintenant que cette identité est posée et que chacun peut s'en convaincre par le seul examen des planches, je vais m'occuper d'une manière particulière et détaillée de la description des restes humains, des objets d'industrie et des restes d'animaux qui ont été recueillis tant dans la grotte que dans les dolmens.

OSSEMENTS HUMAINS.

A. *Caverne de Saint-Jean d'Alcas.* — J'ai dit, d'après M. l'abbé Ravaille, qu'on y avait trouvé des ossements de femmes et d'enfants, même d'enfants en bas âge, mais que la plus grande partie des restes humains appartenaient à des individus mâles et adultes. Le même auteur mentionne comme ayant été examinés par lui, une douzaine de crânes et une vingtaine de mâchoires. J'en ai retrouvé une partie au musée de Rodez, et c'est à l'examen de ces restes, joints à ceux qui se trouvent dans ma collection, qu'est consacré ce chapitre.

M. l'abbé Ravaille donne la description d'un crâne qui, dit-il, peut se rapporter à tous. J'ai vainement cherché ce crâne dans le musée de Rodez, et comme, des mesures qu'il donne, les unes se rapportent exactement à certains fragments que j'y ai trouvés, et d'autres à certains autres, bien qu'ils n'aient pas tous appartenu au même sujet, cette description pourrait peut-être bien se rapporter à un crâne en quelque sorte idéal, formé dans son esprit par la réunion de ces fragments. Mais il se peut aussi que ce morceau se soit perdu, le musée de Rodez étant loin de posséder tous les objets qu'il a eus entre les mains; je crois donc devoir commencer par reproduire à peu près textuellement la description et les mesures données par cet auteur.

Nº 1. — Crâne remarquable par le rétrécissement et l'affaissement du frontal, la capacité de la région occipitale, le poids et le volume total :

Largeur du front d'une table extérieure à l'autre.... 99[1]

Largeur du crâne de la face extérieure d'un pariétal à l'autre........................ de 140 à 150

Hauteur du front de l'ethmoïde au point culminant de la surface supérieure, environ................ 50

Épaisseur du crâne à la suture des pariétaux, près de 20

Épaisseur maxima prise sur un des pariétaux....... 13,5

Ces épaisseurs sont extraordinaires, mais réelles, et elles se reproduisent à peu près sur d'autres fragments.

N° 2. — Fragment d'un crâne composé du frontal auquel est resté attaché un fragment du pariétal gauche, et à sa suite un petit fragment de l'occipital. Ce morceau est remarquable par sa grande épaisseur, qui est de 13,5, la forte protubérance de l'arcade sourcilière, la profondeur du sillon de l'artère méningée, et enfin le grand développement de la ligne sur laquelle vient s'insérer le muscle temporal, où s'est développée une épine qui est presque un rudiment de crête.

N° 3. — Fragment de crâne probablement brachycéphale ou sous-brachycéphale, dont les dimensions répondent aux dimensions moyennes des crânes de l'époque actuelle qui m'ont servi de terme de comparaison.

Épaisseur maxima.............................. 6,5

Distance entre les apophyses orbitaires externes..... 97

Distance entre les apophyses orbitaires internes...... 20

Diamètre transverse de l'orbite.................... 40

Distance entre les échancrures sus-orbitaires........ 44

Distance de l'échancrure nasale à la fontanelle pariéto-frontale.................................... 112

[1] Toutes les mesures sont exprimées en prenant le millimètre pour unité.

L'impression de l'artère méningée est aussi accentuée que dans le numéro précédent, mais le rudiment de crête temporale n'existe pas plus que dans les crânes ordinaires de nos races européennes actuelles.

Nº 4. — Fragment offrant le côté droit de la face et du frontal d'un crâne brachycéphale. Ce morceau est remarquable par ses dimensions plus petites, qui me portent à le considérer comme ayant appartenu à une femme. Il est à la fois plus petit et plus mince que les précédents. Les pommettes sont saillantes et proportionnellement épaisses, et par là il paraîtrait se rapprocher légèrement du type touranien. Le front est bombé, et l'arcade sourcilière ne présente pas de proéminence distincte ni de dépression supérieure.

Diamètre transversal de l'orbite..................	34
Distance diagonale de l'os malaire au coin de l'orbite au-dessus de l'apophyse orbitaire interne.........	41
Distance entre les apophyses orbitaires internes......	22
Épaisseur maxima du frontal......................	3,5
Largeur verticale de l'os malaire.................	18
Distance de l'échancrure nasale à la pointe médiane supérieure du maxillaire......................	38

L'individu auquel appartenait ce crâne était jeune encore, mais dans la force de l'âge, car au moment de sa mort il était en train de mettre sa cinquième molaire, ce qui suppose un âge de vingt à vingt-cinq ans ; ce n'est guère, en effet, que dans les pays civilisés que cette dentition devient anormale et manque même complètement chez certains individus.

Nº 5. — Fragment de frontal, côté gauche, indiquant

un front arrondi, bombé, mais non proéminent, par la direction verticale de l'os à partir des arcades sourcilières jusqu'aux bosses frontales, dont la courbure très-prononcée rejette brusquement l'os en arrière. Dépression sus-orbitaire assez prononcée. L'ensemble de ce frontal paraît se rapporter à une capacité crânienne assez considérable. La gouttière sagittale qui fait suite à la crête frontale est peu prononcée et peu étendue.

Épaisseur à l'extrémité de la crête frontale..........	8
Épaisseur près de la suture pariéto-frontale........	4,5

N° 6. — Fragments de la voûte crânienne.

Premier fragment, épaisseur maxima..............	7
Autre, epaisseur maxima......................	8
Autre, épaisseur maxima......................	8,5

N° 7. — Maxillaire inférieur d'un sujet adulte offrant des dimensions ordinaires. L'arc alvéolaire est plutôt en forme de parabole que d'ellipse ; extérieurement, le menton est carré et échancré à la base.

Distance[1] des deux angles, environ................	100
Distance entre les centres des deux cinquièmes molaires.	56,5
Distance entre le bord incisif externe et la ligne passant par les centres des cinquièmes molaires..........	42
Distance de la symphyse à l'angle................	85
Hauteur prise du bord du menton à la base des incisives.	31
L'épaisseur des branches horizontales ne dépasse pas..	15

Leur surface est à peine bombée, celle des branches montantes est complètement aplatie.

N° 8. — Autre fragment de maxillaire inférieur n'of-

[1] Toutes les distances sont prises en ligne droite.

frant que la branche gauche; il paraît avoir eu à peu près les dimensions du précédent.

Son état n'a pas permis de mesurer la distance de la symphyse à l'angle, mais j'ai pu mesurer celle de la symphyse au condyle, qui est de................ 118
Hauteur prise comme précédemment.............. 53

Chez cet individu, le menton est pointu, assez saillant et nullement échancré à la base.

Hauteur de la branche montante.................. 58
Un autre fragment m'a donné pour cette hauteur.... 60

Dans ces mâchoires, la jonction des branches montantes et horizontales se fait sous un angle légèrement obtus, mais ne s'éloignant pas beaucoup d'un angle droit; l'échancrure au bord postérieur de la branche montante est à peine sensible.

Échancrure sygmoïde peu profonde.
Largeur de la branche montante entre l'apophyse coronoïde et le condyle.......................... 39
Apophyses coronoïdes légèrement inclinées en dehors.
Largeur des condyles de dedans en dehors......... 19
Largeur des condyles transversalement............ 11

N° 9. — Maxillaire inférieur de grande dimension.

Distance entre les centres des deux cinquièmes molaires. 61
Distance entre le bord incisif externe et la ligne passant par les centres des cinquièmes molaires.......... 50
Distance du condyle au bord antérieur du menton... 124

Dans toutes ces mâchoires inférieures, l'implantation des dents est verticale et l'orthognathisme évident.

N° 10. — Divers fragments de maxillaires supérieurs, dont quelques-uns sont remarquables par une tendance plus ou moins prononcée au prognathisme des incisives et des canines. L'un d'eux surtout présente une inclinaison très-marquée dans la direction de ces dents.

Tous ces fragments de maxillaires inférieurs ou supérieurs sont caractérisés par l'usure des incisives et des canines, et le bon état de leurs dents. Je crois, avec MM. Vogt et Morlot, que l'usure des dents, chez les peuples de l'âge de la pierre polie, doit être attribuée à l'usage d'un pain grossièrement pétri et contenant un grand nombre de parcelles dures; je l'ai en effet souvent constatée chez des montagnards des Cévennes, qui se nourrissent de pain de seigle, toujours un peu graveleux. Quant à l'absence presque complète de dents cariées, elle indique l'habitude d'une alimentation saine et frugale, car ces altérations proviennent le plus souvent de maladies du tube digestif qui tiennent à une alimentation vicieuse, déréglée et immodérée.

Outre ces fragments de crânes et de maxillaires, j'ai pu recueillir à Saint-Jean-d'Alcas des os de toutes les parties du squelette; malheureusement les os longs sont tous brisés, de sorte qu'il m'a été impossible d'en mesurer la longueur. Pourtant, l'aspect des nombreux fragments que j'ai ramassés ne me paraît pas déceler des hommes de très-grande taille, et je ne vois pas trop ce qui a pu faire dire à M. l'abbé Ravaille que ces ossements appartenaient à une grande race ayant au moins la taille de la race germanique. Des extrémités de fémurs m'ont permis de prendre quelques mesures que l'on trouvera plus loin.

et de constater la direction du col, dont la jonction avec le corps de l'os se fait sous un angle de 115° environ.

B. *Dolmens de Pilande.* — Les individus ensevelis dans ces dolmens étaient au nombre de huit au moins : parmi eux se trouvaient un enfant faisant sa seconde dentition, un individu mettant ses dents de sagesse, et deux d'un âge très-avancé, si j'en juge du moins par l'usure complète de toutes les dents. En général, celle des incisives et des canines est excessive. Les dimensions sont à peu près les mêmes que pour les ossements de Saint-Jean-d'Alcas ; l'implantation des dents est également verticale pour les mâchoires inférieures, mais parfois avec une tendance plus ou moins marquée au prognathisme pour la région incisive des mâchoires supérieures.

L'ordre dans lequel j'ai trouvé les ossements m'a prouvé que les corps avaient été originairement placés assis, la tête appuyée contre la poitrine et sur les genoux, ce qui est du reste la position généralement observée dans les sépultures de l'âge de la pierre polie. Par suite de cette position, il y a eu postérieurement un affaissement des parties du squelette sous leur propre poids, et surtout sous celui des terres et des pierres qui les recouvraient ; les crânes ont été écrasés, et je n'en ai retrouvé que des fragments. Dans aucun de ceux-ci je n'ai constaté une épaisseur aussi forte que dans les n°s 1 et 2 de Saint-Jean-d'Alcas, bien que cependant il y en ait dont l'épaisseur atteint 8,5. Deux fragments de frontal me permettent d'indiquer une très-forte proéminence des arcades sourcilières, due au développement des sinus frontaux, une forte dépression du nez à sa racine, et une forme de front pareille à celle du n° 5 de Saint-Jean-d'Alcas.

Les maxillaires inférieurs m'ont fourni à peu près les mêmes remarques que ceux de Saint-Jean, si ce n'est que chez certains l'épaisseur de la branche horizontale atteint 17 et même 19 millimètres, et que le menton est généralement saillant, arrondi et même pointu. De plus, le raccord du bord postérieur de la branche montante avec le bord inférieur de l'horizontale, au lieu de se faire suivant une ligne deux fois brisée, dont les angles sont à peine sensibles, se fait avec des angles prononcés, et surtout le plus voisin de la dernière qui fait une véritable saillie vers le bas. Cette branche paraît également plus bombée extérieurement.

J'ai retrouvé ici les os longs parfaitement intacts, ce que j'attribue à ce que j'ai été le premier à fouiller ces dolmens, tandis que la pioche des terrassiers avait remué plusieurs fois les déblais de la grotte de Saint-Jean avant que je l'eusse visitée. Un fémur et un humérus gauches d'un individu adulte m'ont donné, entre autres, les dimensions suivantes :

Fémur. — Longueur du sommet de la tête à l'extrémité du condyle interne........................ 425
Angle de la direction du col avec le corps du fémur.. 123°
Courbure très-prononcée dans le sens antéro-postérieur.
Humérus. — Longueur du sommet de la tête à l'extrémité du condyle............................ 305

Aucun des humérus que j'ai vus, soit de ces dolmens,

soit de la grotte, ne présentait de perforation de la fosse olécrânienne, ce caractère si rare aujourd'hui, mais qui paraîtrait, d'après certaines découvertes, avoir été plus fréquent dans nos pays à l'époque du bronze et surtout de la pierre, et qui, d'après M. Pruner-Bey, serait propre aux Ligures ou à quelques races antérieures aux Celtes.

C. L'examen que nous venons de faire des ossements ensevelis dans la grotte de Saint-Jean d'Alcas ou dans les dolmens de Pilande, me fait rapporter les individus auxquels ils ont appartenu à une race de taille moyenne, généralement orthognathe, parfois légèrement prognathe dans la région incisive supérieure, à front bombé et arrondi, ayant le nez déprimé à sa racine, les yeux un peu écartés mais bien ouverts, à en juger par la forme plutôt arrondie qu'allongée des orbites, les sourcils forts et assez proéminents, le menton saillant, tantôt pointu ou arrondi, tantôt carré; la face légèrement comprimée vers le bas, quoique large et un peu épaisse à la hauteur des pommettes. Un crâne de femme paraîtrait avoir quelque affinité plus marquée avec le type touranien; mais je ne trouve rien qui ait pu autoriser M. l'abbé Ravaille à dire qu'il n'y a aucune « forme de crâne aussi ressemblante à celle dont nous parlons, que celle de la race nègre éthiopienne». Le léger prognathisme de la mâchoire supérieure ne ressemble en rien au prognathisme de la race nègre, ainsi que l'a très-bien fait remarquer M. Pruner-Bey, au sujet de crânes provenant de l'Aveyron, qui lui avaient été soumis par M. le comte de Sambucy.

Les fragments que j'ai eus entre les mains étaient trop incomplets pour que j'aie pu mesurer les diamètres crâniens, et déterminer exactement s'ils appartenaient à des types dolichocéphales ou brachycéphales. J'ai cru toutefois pouvoir apprécier, en continuant les courbes d'une façon idéale et par l'examen des dimensions des autres parties, qu'ils devaient appartenir à ce dernier ou au type mésocéphale, s'éloignant de l'extrême limite dans l'un et dans l'autre sens, comme les Aryas par exemple, dont les brachycéphales s'éloignent autant des Américains que leurs dolichocéphales des Nègres.

Je ne crois pourtant pas qu'ils aient appartenu à un peuple de race Aryaque pure, et je serais porté à les considérer comme des métis Celto-Ligures, de même que dans les Pyrénées M. Garrigou est porté à regarder les crânes de la caverne de Lombrives comme appartenant à des métis de Celtes et d'Ibères.

Les divers crânes des cavernes du Larzac envoyés à la Société d'anthropologie par M. le comte de Sambucy et examinés par M. Pruner-Bey, ont présenté d'une façon plus ou moins marquée le prognathisme de la mâchoire supérieure. Ce savant ne les en a pas moins regardés comme représentant l'ancien type des Celtes, avec quelques particularités cependant qui se retrouvent aussi dans ceux que nous venons d'étudier. J'emprunte ici ses propres paroles :

« Ces particularités sont, entre autres », dit-il, « un énorme développement des sinus frontaux dans le sens horizontal et antéro-postérieur; par là, grande saillie de la glabelle et des arcs sourciliers, et un volume peu commun dans les crânes européens, des apophyses orbitaires externes ; grande épaisseur de la racine nasale. Toute cette région offre une ressemblance frappante avec certains crânes de l'Australie et de la Nouvelle-Calédonie. De plus, grande dépression horizontale du front au-dessus de la partie sourcilière. A un autre point de vue, cette conformation peut être considérée comme un anneau du chaînon qui relie un certain nombre d'anciens crânes celtiques avec celui du Néanderthal. Enfin, petitesse extraordinaire de la seconde dent incisive supérieure[1].» Allant encore plus loin, le même auteur trouve nettement accusé, dans un crâne mâle de la même provenance, le mélange entre l'ancienne race brachycéphale et la celtique.

MM. Garrigou et Filhol ont soumis à l'examen de M. Pruner-Bey les crânes trouvés par eux dans certaines cavernes des Pyrénées ariégeoises ; et adoptant ses conclusions, ils les présentent comme appartenant à une race brachycéphale à face touranienne prédominant sur l'Aryenne. « Cette race se relierait dans l'espèce, disent-ils, aux habitants des bords de la Méditerranée, des lacs de la Suisse. Dans le temps, elle doit avoir précédé la race Aryenne, puisque ses traces se trouvent dans le *diluvium*[2].» Pour eux, ce peuple qui habitait les cavernes à

[1] *Bull. de la Soc. d'anthr.*, tom. VI, pag. 20-30.

[2] *Age de la pierre polie dans les cavernes des Pyrénées ariégeoises*, p. 66.

l'époque de la pierre polie, c'étaient les Ibères, les ancêtres des Basques actuels.

Ibères ou Ligures, peu importe : c'est le peuple préceltique à caractères touraniens, celui qui a précédé les premières invasions aryennes sur notre sol. Mais dans l'Aveyron, à l'époque qui nous occupe, les caractères aryens paraissent avoir pris la prédominance sur les touraniens.

On retrouve pourtant encore certains de ceux-ci. Dans le type Mongol, en effet, la mâchoire supérieure est souvent affectée d'un prognathisme plus ou moins prononcé. Un des crânes de Saint-Jean-d'Alcas présente, dans son ensemble, une apparence touranienne assez sensible. La direction du col du fémur n'est pas celle que l'on est habitué à constater sur les squelettes celtiques, anciens ou modernes ; chez ceux-ci, la jonction se fait ordinairement à angle droit, tandis que sur les ossements que nous venons d'examiner nous avons constaté un angle assez ouvert (115° à 125°). Ce n'est pas, sans doute, un caractère constant, mais il est cependant bon de le constater, car il est général. Nous avons également remarqué une courbure assez prononcée du fémur dans le sens antéro-postérieur, caractère qui se retrouve dans les squelettes ligures et qui n'existe que fort rarement chez les Celtes. L'épaisseur de certains de nos crânes, et notamment du frontal, se retrouve enfin dans un crâne ligure de Valbonne [1], où elle a atteint 10 millimètres.

[1] *Bull. de la Soc. d'anthr.*, tom. VI, pag. 459.

OMPARATIF

…lande, et des Ossements Celtes et Ligures de diverses provenances

AUBUSSARGUES. Homme.	AUBUSSARGUES. Femme.	LIGURE CAMPLONG — Femme (¹).	LIGURES DE VALBONNE (²). L.	LIGURES DE VALBONNE (²). E.	LIGURES DE VALBONNE (²). O.	CELTE de VALBONNE (³) M.
112	110	115	116	115	110	118
100	96	92	100	100	92	95
130	143	126	135	130	125	138
140	143	140	145	141	140	140
»	»	»	»	»	»	»
»	»	»	»	»	»	»
32	32	»	30	29	30	33
34	37	»	34	36	36	35
»	»	»	»	»	»	»
»	»	92	110	105	93	108
»	»	62	69	70	69	»
»	»	83	89	88	79,5	84
»	»	28	31	32	34	32
»	»	10	9	9	»	»
»	»	15	22	17	»	»
»	»	»	»	»	»	»
»	»	»	»	»	»	»
»	»	»	»	»	»	»
»	»	»	»	»	»	»
»	»	»	»	»	»	»
»	»	»	»	»	»	»
»	»	»	»	»	»	»
»	»	»	»	»	»	»

(¹) *Bulletin de la Soc. d'anth.*, tom. VI, pag. 467.

(²) Il est probable que ces crânes sont de l'époque de la pierre polie. (*Bullet. de la Soc. d'anth.*, tom. VI, pag. 467.)

(³) *Bulletin de la Soc. d'anth.*, 2ᵉ série, tom. I, pag. 445.

(⁴) et (⁵) Pruner-Bey, *Bull. de la Soc. d'anth.*, 2ᵉ série, tom. I, pag. 456 et 457.

En relisant les descriptions et les mesures des ossements de Saint-Jean-d'Alcas et de Pilande, que j'ai tâché de donner aussi exactement que possible, et en les comparant à celles que M. Pruner-Bey a données dans divers travaux publiés dans les Bulletins de la Société d'anthropologie de Paris, on arrivera, je pense, à la même conclusion que moi : que nous retrouvons ici les restes d'une race métisse de Celtes et de Ligures, chez laquelle le premier élément est d'ailleurs prédominant. J'ai tâché de représenter un abrégé de cette comparaison dans le tableau ci-annexé.

Des fouilles faites récemment dans le département du Gard, à Aubussargues, ont amené la découverte de deux crânes qui offrent absolument le même type que ceux des cavernes du Larzac. Ils ont été trouvés dans une grotte sépulcrale, recouverte d'une dalle, ayant la plus grande analogie avec celle de Saint-Jean-d'Alcas. Elle paraitrait pourtant plus ancienne, car jusqu'à maintenant on n'y a trouvé aucun objet en métal ni en pierre polie.

D'après les travaux les plus récents, l'ancienne race paléontologique de l'Europe, dont on retrouve encore quelques traces dans nos populations actuelles, qui sont toutes plus ou moins mélangées, aurait appartenu à un type bien caractérisé. Cette race autochthone a porté, suivant les localités, les noms de Basques, d'Ibères, de Ligures et de Finnois, et se rattachait à la famille Touranienne, comme l'a notamment établi M. G. Nicolucci, dans son beau travail sur *Les races Ligures en Italie aux temps anciens et modernes*.

A Lombrives, dans les Pyrénées, et à Saint-Jean-d'Alcas, dans les Cévennes, on l'a trouvée déjà mêlée à une nouvelle que l'on désigne sous la vague appellation de Celtique ; mais tout ce qui se rattache à l'origine et à l'attribution de celle-ci est encore fort obscur. Elle présente évidemment de grands rapports anatomiques avec les Celtes de l'histoire, et c'est là tout ce que nous pouvons et voulons en dire maintenant.

Dans les Cévennes, cette race mélangée élevait des dolmens, polissait et travaillait artistement la pierre, et employait un métal, le cuivre, pour rehausser les ornements dont elle se parait. Étudions donc les restes de son industrie, les armes et les instruments que nous devons à l'habitude qu'avaient ces hommes, comme ceux des âges du renne et de l'ours, de déposer à côté des morts leurs armes et les objets qui leur avaient servi de parure pendant leur vie.

ARMES, INSTRUMENTS ET AUTRES PRODUITS DE L'INDUSTRIE.

A. *Objets en métal*. — Le fait caractéristique de la sépulture de Saint-Jean-d'Alcas et des dolmens de Pilande et des Costes, est la présence d'objets en métal : c'est donc par l'examen de ceux-ci qu'il convient de commencer.

Ils sont très-peu nombreux et se rapportent, en somme, à quatre formes qui se réduisent à deux types, celui des perles et celui des anneaux ou bracelets. Ce sont, on le voit, uniquement des objets de parure ; les armes sont exclusivement en pierre.

Lorsque j'eus, pour la première fois, de ces objets entre les mains, je m'aperçus en les grattant que le métal était rouge et que je devais par conséquent avoir affaire à du cuivre et non à du bronze. Pour mieux m'en assurer, j'en remis des échantillons à mon ami le Dr C. Saintpierre, agrégé de chimie à la Faculté de médecine de Montpellier, en le priant de les analyser; le 23 janvier 1866, il m'écrivait en me les renvoyant : « L'analyse m'a démontré que c'est du cuivre, sans quantité appréciable d'étain. C'est donc du cuivre et non du bronze. »

Le bronze est un alliage de cuivre et d'un second métal, généralement l'étain, dans les proportions ordinaires de neuf parties de cuivre pour une de métal étranger. L'opération est donc multiple, et, si l'on ajoute que l'étain est rare en Europe, et que le cuivre jouit à un haut degré des qualités propres à en faciliter l'emploi, savoir : de se laisser marteler, plier, étirer, de s'amollir et de se fondre à une chaleur modérée, il semblera naturel qu'avant le bronze on ait employé le cuivre seul. Cela a eu lieu en effet en Amérique, où il se trouve abondamment à l'état natif. En Irlande également, on a observé une période de cuivre antérieure à celle du bronze; et M. Wilde, qui a dressé un catalogue des antiquités irlandaises, « remarque que les objets en cuivre sont d'une exécution très-grossière et calqués sur ceux en pierre[1]. »

Voici maintenant que nous retrouvons ce métal sans alliage en France, dans l'Aveyron, à l'époque des dolmens, et avec les mêmes caractères qu'en Irlande, c'est-à-dire, que les objets en cuivre paraissent calqués sur ceux en pierre, qu'ils reproduisent exactement. Si l'on ajoute à cela que des gites d'étain se trouvent en France, dans le Limousin et la Marche, ainsi qu'en Bretagne, aux environs de Ploërmel et vers les embouchures de la Vilaine et de la Loire; que ces gites ont été très-anciennement fouillés, comme l'a montré M. Simonin pour ceux de la Villeder (Morbihan), où l'on a rencontré une hache en pierre polie et une hache en bronze, on pourra se demander s'il en a été dans nos pays comme dans le Nord, où, d'après les beaux travaux de M. Nilsson, ce serait le commerce phénicien qui y aurait introduit le premier le bronze, en l'échangeant contre les produits du pays, notamment contre de l'ambre, et si au contraire dans nos régions l'usage du bronze n'a pas été antérieur à l'établissement des colonies phéniciennes?

Quoi qu'il en soit, il demeure bien certain que les dolmens du midi de la France, qui ont été élevés par une race produit du mélange de la race autochthone et d'une nouvelle venue, contiennent des objets de toilette en cuivre pur. Malgré cela, si l'on adopte la division des

[1] Cité par Pruner-Bey, in *Bull. de la Soc. d'anthr.*, tom. V, pag. 239.

époques anté-historiques des archéologues scandinaves, c'est toujours dans l'âge de la pierre polie qu'il faudrait classer ces monuments, tout comme ceux du Nord, qui ne renferment que des objets exclusivement en pierre. M. Nilsson limite en effet la période du bronze de la manière suivante : « époque pendant laquelle les épées et autres instruments *tranchants* étaient en bronze[1] » ; car ce n'est pas la première apparition du métal qui peut caractériser une époque : c'est son usage, et son usage pour un emploi qui entraîne un progrès réel dans la civilisation et l'industrie, comme la fabrication des instruments tranchants.

Ainsi, nous laisserons encore les dolmens de l'Aveyron dans l'âge de la pierre polie, mais à la fin de cet âge, au moment de la transition, l'emploi du cuivre pur à la fabrication de quelques perles de collier ne devant pas suffire pour établir un âge nouveau. Que le fait cependant vienne à se généraliser, que le cuivre soit reconnu avoir été chez nous d'un emploi plus général, plus répandu, et cela pendant une période d'une durée appréciable, il pourra alors y avoir lieu de faire pour la France, comme pour l'Irlande et l'Amérique, un âge du cuivre[2].

[1] *Recherches sur les Aborigènes de la Scandinavie*, Stockholm, 1862 ; cité par Ed. Claparède : *L'âge du bronze en Scandinavie*, in *Bibl. univ. et Revue Suisse*, tom. XVI.

[2] Le numéro d'avril 1867 des *Matériaux pour l'histoire de l'homme*, qui nous est parvenu après la rédaction de ce mémoire, contient une note de M. Sansas au sujet de haches en métal trouvées à Bordeaux. D'après cet auteur, ces haches, d'ailleurs très-grossières, sont en cuivre. En se reportant à un passage de César (liv. III, § 21), où il est

J'ai figuré, *Pl.* III, *fig.* XII, une longue perle en cuivre provenant de la grotte de Saint-Jean d'Alcas. Elle appartient au musée de Rodez, qui en possède une seconde plus petite. M. P.-E. Cartailhac en a trouvé dernièrement une troisième dans les déblais qui sont au-devant de cette cavité.

Pl. IV, *fig.* XIX, sont dessinées trois perles en cuivre, de la même forme que les précédentes, qui ont été trouvées dans le dolmen des Costes ; elles faisaient probablement toutes trois partie du même collier.

Pl. III, *fig.* XIII, est représenté une sorte de boudin en spirale, en fil de cuivre, de la caverne de Saint-Jean d'Alcas, appartenant au musée de Rodez. M. l'abbé Ravaille pensait, avec juste raison, je crois, que c'était une manière d'abréger le travail pour confectionner des perles destinées à former des colliers.

La petite perle en cuivre reproduite sur la même planche, *fig.* XIV, est de la même provenance : il en existe trois pareilles au musée de Rodez, et quatre plus aplaties, semblables pour la forme aux petits anneaux dessinés sous le nº V. J'ai trouvé une perle pareille dans un des dolmens de Pilande : elle est figurée *Pl.* IV, *fig.* XVII. MM. Cartailhac et Ancessy y en ont trouvé trois autres.

Au type des anneaux se rapporte un fragment figuré

dit qu'en plusieurs lieux du pays des Aquitains se trouvaient des mines de cuivre, M. Sansas pense qu'il serait curieux de constater dans nos pays un âge intermédiaire entre la pierre et le bronze, comme chez les Américains du Nord ; seulement les Aquitains coulaient le cuivre au lieu de le forger.

Pl. III, *fig.* xv, provenant de Saint-Jean d'Alcas, et ceux représentés *Pl.* IV, *fig.* xviii, ainsi que deux fragments de bracelets de 1 millimètre de diamètre et 20 millim. de longueur, qui font partie de la collection de M. Cartailhac, provenant des dolmens de Pilande ou des Costes.

Je citerai enfin, pour ne rien omettre de ces objets intéressants par leur matière, un fragment d'un petit cylindre formé par une feuille de cuivre mince repliée, de 5 millimètres de diamètre et 15 millimètres de longueur, que j'ai trouvé dans un de ces dolmens. M. Cartailhac y a également signalé sept petits fragments de plaques minces, dont le plus grand présente une trace de clou parfaitement régulière et pratiquée par enfoncement ; je possède un huitième fragment du même genre ; un autre a un trou, et de plus est ployé en deux [1].

M. Ravaille mentionne, dans son mémoire, plusieurs globules noirâtres de 1 à 3 pouces de diamètre, ressemblant à des balles en fer. J'ai trouvé également de petits cubes de la même couleur et du même métal, ainsi que des globules plus petits ; mais ni les uns ni les autres ne sont des produits de l'industrie, ce sont des cristaux ou des boules de fer sulfuré, décomposés et oxydés plus ou moins profondément à la surface. Peut-être bien servaient-ils

[1] Les objets appartenant à M. Cartailhac sont mentionnés, les uns dans une lettre adressée à M. de Mortillet et insérée dans les *Matériaux pour l'histoire de l'homme*, novembre 1865, les autres dans une communication particulière qu'il m'a adressée le 30 novembre 1866, et dont je le prie de recevoir ici mes remerciements.

de pierre de fronde ou d'ornement, et doivent-ils, à ce titre, être mentionnés ici ; mais dans aucun cas ils ne peuvent être considérés, au moins ceux que j'ai entre les mains, commun repoduit métallurgique.

B. *Objets en verre.* — Les objets en verre sont encore moins nombreux que ceux en cuivre, ce qui me porte à les considérer comme des raretés provenant peut-être de rapports éloignés et peu fréquents avec des populations sans doute plus avancées, qui habitaient les bords de la Méditerranée. Nous verrons en effet plus loin que, pour orner leurs colliers, les habitants du causse de Saint-Jean-d'Alcas allaient demander à ceux du littoral des coquilles marines.

Pline attribue aux Phéniciens l'invention du verre, dont l'idée leur serait venue après avoir vu se vitrifier, sous l'action du feu, les sables de leurs plages. Est-ce aux Phéniciens que nos populations riveraines de la Méditerranée devaient elles-mêmes le verre, ou l'avaient-elles inventé aussi en faisant des observations analogues? C'est une question à laquelle nous espérons que de nouvelles découvertes permettront plus tard de répondre ; pour le moment, il nous suffit de constater que les hommes de Saint-Jean-d'Alcas possédaient quelques rares perles de verre, qu'ils tenaient sans doute des populations du littoral.

M. l'abbé Ravaille cite deux grains de verre coloré, d'un bleu pâle, de la grosseur d'un petit peson de fuseau. M. Ancessy (de Saint-Affrique) a dans sa collection deux perles, dont une provient, croit-il, de Saint-Jean-d'Alcas[1].

J'ai figuré, *Pl.* IV, *fig.* XV, une demi-perle en verre légèrement colorée en vert pâle[2], avec des soufflures qui indiquent un art très-peu avancé. Elle provient de mes fouilles dans un des dolmens de Pilande.

Ainsi, les objets en verre se réduisent en tout à deux perles, peut-être trois pour la grotte, et une pour les dolmens.

MM. Garrigou et Filhol citent[3], avec des poinçons en os et des poteries trouvés près des foyers de l'entrée de la grotte de Lombrives, dans les Pyrénées ariégeoises, un bracelet qui était composé, au dire de l'ouvrier qui l'avait trouvé, de grains en verre assez gros et percés d'un trou. Ils se demandent à quelle époque archéologique correspondraient ces foyers et ce bracelet en verre, ainsi que les poteries et les poinçons qui les accompagnent. « Nous n'oserions encore le fixer exactement, disent-ils; mais il est probable que nous aurons affaire là à un âge sans doute inconnu jusqu'ici pour la contrée, mais un peu moins ancien que l'âge de la pierre polie. »

Il me paraît probable, et je souhaite vivement que mes deux savants confrères en trouvent la confirmation, que cette époque est, en effet, la fin de l'âge de la pierre polie, que nous n'avons pas osé nommer l'âge du cuivre.

[1] Je remercie M. Ancessy de l'obligeance avec laquelle il a mis à ma disposition sa collection d'antiquités locales.

[2] Coloration naturelle et non intentionnelle.

[3] *Age de la pierre polie*, etc., pag. 37.

et que ces débris de l'entrée de la grotte de Lombrives, dans les Pyrénées ariégeoises, sont contemporains de ceux de la sépulture de Saint-Jean-d'Alcas et des dolmens de Pilande et des Costes, dans les Cévennes de l'Aveyron.

C. *Armes et instruments tranchants en pierre.* — Les armes et instruments tranchants en pierre que nous avons maintenant à examiner sont principalement des haches polies et des pointes de flèches ou de lances en silex.

On a trouvé fréquemment des haches polies dans les environs de Saint-Affrique, soit dans les champs, soit sous les dolmens; mais les trois dolmens dont nous nous occupons spécialement ici ne nous ont pas offert d'armes de ce genre. Il en a été rencontré, au contraire, quelques-unes, mais en très-petit nombre, dans la grotte de Saint-Jean-d'Alcas. Le musée de Rodez possède une hache de cette provenance, ayant 5 centim. de hauteur, 2 pouces de largeur au taillant, 1 pouce à la tête, et une épaisseur maxima de 1 centimètre 1/2 ; une autre, plus allongée et plus large, est au petit Séminaire de Belmont. Enfin, j'ai dans ma collection deux haches de Saint-Jean-d'Alcas, qui sont figurées de grandeur naturelle *Pl.* I et II, *fig.* VI et VII ; cette dernière est en serpentine.

Celle qui est figurée sous le n° VI est en jade vert translucide sur les bords et fort analogue à celui de deux instruments provenant des peuplades sauvages de la Nouvelle-Calédonie, qui sont au musée de la Faculté des Sciences de Montpellier.

M. Damour, qui s'est occupé de la composition et du classement des haches en pierre, fait cette remarque: « que les hommes qui fabriquèrent autrefois les haches en pierre polie ont su choisir avec une rare sagacité précisément les matières qui seules, à l'exception des métaux, réunissent au plus haut degré les trois caractères de densité, de dureté et de ténacité, conditions essentielles pour l'emploi et la durée de ces instruments ». La possibilité d'un pareil choix suppose évidemment celle de communications et d'échanges, car les matériaux généralement employés ne se trouvent pas dans toutes les localités.

Ceci est surtout marqué pour ceux que nous venons d'énumérer, et la présence du jade indique évidemment chez ces anciens peuples des relations commerciales très-éloignées. L'avenir nous apprendra sans doute quelle était la voie que suivaient ces produits lointains, et quelle était la nature de ces relations, que je suis porté pour le moment à regarder comme indirectes et passives.

L'exemple de ce qui se passe de nos jours nous prouve que toutes les nations ne sont pas au même instant au même degré de civilisation. Si donc nos populations avaient entretenu avec l'Inde, à travers l'Europe et l'Asie, des relations commerciales directes et actives, comment leurs marchands se seraient-ils bornés à rapporter de leurs longs voyages du jade seulement, alors qu'ils rencontraient sur leur route des peuples qui connaissaient peut-être déjà l'usage du bronze ? Serait-ce aussi à des relations commerciales aussi éloignées qu'étaient dus les objets en verre et en cuivre, et n'est-il pas plus rationnel de supposer, comme nous l'avons fait, qu'ils proviennent tout au plus de relations avec les populations du littoral, plus avancées en civilisation? On sait en effet aujourd'hui que les relations commerciales de tribu à tribu existaient déjà dans des temps fort reculés, dans l'Europe occidentale. On a trouvé notamment dans une caverne de l'âge du renne en Belgique, un silex taillé du Grand-Pressigny, et l'on a été porté à considérer des points aussi importants que celui que nous venons de nommer, comme des centres de fabrication d'où les produits étaient exportés dans les contrées voisines.

Il est impossible de ne pas se ranger à cette idée, devant la perfection de fabrication des instruments en silex que l'on rencontre à l'âge de la pierre polie, tels que ceux que nous avons trouvés à Saint-Jean d'Alcas et dans les dolmens voisins. Ces instruments sont taillés avec une telle perfection qu'il faut, pour y atteindre, non-seulement de l'habileté, mais une habitude qui n'est possible qu'à un âge où l'adoption du principe de la division du travail permet déjà au même ouvrier de se livrer pendant toute sa vie à la confection des mêmes objets. « Il faudrait, dit un auteur [1], beaucoup de peine et une adresse extrême pour les produire aujourd'hui avec des instruments d'acier, et les moyens employés pour leur exécution sont restés un mystère. »

[1] Le Hon : *L'homme fossile*. Paris-Bruxelles, 1867, in-8°, pag. 158.

Pl. I et II, *fig.* I, III et IV. J'ai dessiné de grandeur naturelle des pointes de lances en silex de la grotte de Saint-Jean d'Alcas. La *fig.* I est remarquable par ses dimensions, puisqu'elle a près de 21 centimètres de longueur, avec une épaisseur maxima de 8 millimètres seulement. Celle qui présente la taille la plus perfectionnée est sans contredit le n° IV, qui offre en outre à sa partie inférieure une soie destinée à en faciliter l'emmanchement. Celle-ci fait partie de ma collection, les deux premières sont au musée de Rodez.

La *fig.* V est la reproduction d'un silex de la même provenance, qui se trouve également à Rodez. Malgré sa pointe, il me paraît, par sa forme et la taille de l'extrémité opposée à la pointe, se rapporter au type des grattoirs, employés sans doute à préparer les peaux destinées à servir de vêtements, plutôt qu'à celui des bouts de lances.

Les *fig.* VIII, VIII *bis*, IX, IX *bis*, X et XI de la même planche représentent des pointes de flèches provenant de la grotte de Saint-Jean d'Alcas. On en a trouvé, comme je l'ai dit plus haut, une quantité assez considérable, mais celles que j'ai dessinées reproduisent à peu près les principaux types.

Des flèches identiques ont été rencontrées, mais en moins grand nombre, dans les dolmens de Pilande et des Costes; j'en ai dessiné les divers modèles dans la *Pl.* IV, *fig.* I, II, III et IV.

Les *fig.* VIII et VIII *bis* de la *Pl.* I et II appartiennent au type en feuille de saule, évidemment le plus ancien, car c'est celui qui se rapproche le plus des simples éclats de l'âge précédent. La *fig.* I, *Pl.* IV, appartient au même type, mais avec une tendance à celui, plus perfectionné, de la flèche à soie et à barbes. Toutes les autres sont de ce dernier ; mais celles qui l'accusent de la façon la plus parfaite sont les *fig.* XI, *Pl.* I et II, et *fig.* IV, *Pl.* IV, où les barbes sont très-accentuées.

Les *fig.* X, *Pl.* I et II, *fig.* III et IV, *Pl.* IV, présentent un travail encore plus délicat et plus fini. Ces flèches sont habilement dentées en scie sur les côtés, de façon à déchirer les chairs et à rendre la blessure plus dangereuse.

Je ne dois pas quitter le chapitre des armes en pierre, sans signaler un caillou ovale et aplati de serpentine, figuré *Pl.* III, *fig.* I, que j'ai trouvé dans la grotte de Saint-Jean, et auquel je ne puis assigner d'autre destination que celle de pierre de fronde. Ce caillou venait pourtant d'assez loin, car on ne trouve de roches serpentineuses dans l'Aveyron que près de Decazeville, ou aux environs de Graissessac dans le département de l'Hérault. Il est difficile d'admettre que l'on fît venir, pour les lancer et les perdre, des pierres de cette nature, lorsqu'il suffisait de ramasser les cailloux roulés de la Sorgue ou du Verzolet pour en faire d'excellentes pierres de fronde. La même difficulté se présente quant à l'emploi habituel des flèches en silex d'un travail si perfectionné, et qui devaient être d'un assez grand prix.

On a pensé dès-lors que ces peuples devaient être

très-habiles au tir de l'arc, et assez sûrs de leur coup pour pouvoir toujours retrouver leur arme dans le corps de leur victime.

Quelle que soit l'habileté des tireurs, il ne pouvait pourtant que s'en perdre un grand nombre. Il est rare, d'ailleurs, qu'on recueille de ces flèches au milieu des champs; celles que l'on trouve le plus fréquemment dans la campagne sont d'un travail moins achevé; les plus finies, les plus soignées, les plus artistement travaillées, ne se trouvent guère que dans les sépultures. On rencontre au contraire abondamment, à l'âge de la pierre polie, des silex qui ne présentent aucune différence avec les plus grossiers éclats de l'âge du renne. Aussi j'aime mieux me ranger à l'opinion de M. le Dr Eugène Robert, qui pense « que les pointes de flèches faites avec tant de soin n'étaient pas plus prodiguées que les haches polies, et qu'elles étaient plutôt un ornement ou un signe de commandement qu'une véritable arme usuelle de tous les moments[1]. »

Les armes, haches, flèches ou pierres de fronde qui se retrouvent dans les hypogées, et notamment celles que nous venons de décrire, ne me paraissent donc pas devoir être considérées comme des armes usuelles ; ce sont des armes de parade et, chez un peuple chasseur et peut-être guerrier, les bijoux de l'homme que l'on ensevelissait avec lui.

[1] *Dépouillement de pierres celtiques*, in *Les Mondes*, octobre 1866, pag. 335.

D. *Objets de parure en pierre ou autre matière minérale.* — Ces objets consistent en rondelles, perles et grains de colliers ou de bracelets, et en pendeloques formant des pièces d'ornementation isolées et plus importantes, qui pouvaient être suspendues au milieu des précédentes.

Les pièces qui constituaient principalement les colliers sont, sans aucun doute, les petites rondelles représentées *Pl.* III, *fig.* v, et *Pl.* IV, *fig.* VII [1]. Ces petits disques, qui ont été trouvés en assez grande quantité dans la grotte et sous les dolmens, sont percés d'un trou à leur centre et présentent des dimensions variant depuis 5 millimètres jusqu'à 1 centimètre de diamètre ; l'épaisseur varie aussi, mais dépasse rarement 4 millimètres. Les deux faces sont généralement planes, mais quelquefois l'une d'elles est légèrement concave et présente même l'ouverture du trou en forme d'entonnoir ; de sorte que nous pouvons distinguer les rondelles à perforation cylindrique et les rondelles à perforation infundibuliforme.

Ces disques se rapportent à un type déjà rencontré aux âges de l'ours et du renne, ainsi qu'à l'époque de la pierre polie. Quelques-uns sont en carbonate de chaux cristallin ou albâtre calcaire, d'autres sont simplement des sections des bélemnites, si abondantes dans les marnes infraliasiques ; mais la grande majorité sont en carbonate de chaux amorphe d'un blanc laiteux, dont la

[1] Il ne peut y avoir aucun doute sur la destination de ces rondelles, depuis la découverte d'un collier entier faite à Vignely, près de Meaux.

structure est analogue à celle de la partie épaisse du test des coquilles.

M. Cartailhac possède dans sa collection un anneau incomplet, plus grand que les précédents, en gypse cristallin (?), provenant du grand dolmen de Pilande.

Les *fig.* v et vi de la *Pl.* IV représentent deux petits anneaux en jais ou plutôt en lignite compacte, des dolmens. Cette matière a été assez fréquemment employée par ces populations. Elle constitue encore, outre différents fragments, deux perles longues identiques, trouvées, l'une dans la grotte et l'autre sous les dolmens, par M. Cartailhac, et figurées, d'après ses dessins, *Pl.* III, *fig.* xv, et *Pl.* IV, *fig.* xx.

La pendeloque dessinée *Pl.* III, *fig.* vii est également en jais ou lignite ; elle présente la forme d'un triangle percé de deux trous dans deux de ses angles.

Cette forme est encore celle d'une plaquette en calcaire blanc, avec deux trous de suspension, de la grotte de Saint-Jean d'Alcas (*fig.* vi, *Pl.* III), mais elle est moins correcte et le triangle se rapproche sensiblement de la figure d'un cœur. Une autre plaquette de calcaire blanc cristallin a été trouvée dans un des dolmens (*fig.* viii, *Pl.* IV) ; mais ici la forme est toute différente : c'est un rectangle très-correctement taillé et percé d'un seul trou sur le milieu de l'un des petits côtés.

Les deux pendeloques en forme de dent (*fig.* vii, *Pl.* III, et *fig* xiv, *Pl.* IV) sont faites d'une matière schisteuse d'un noir bleuâtre, qui provient évidemment des lits de calcaire schisteux qui se trouvent à la base de la formation liasique. Une troisième pendeloque de la même nature et de la même forme, mais plus petite, se trouve au musée de Rodez avec celle de la *Pl.* III.

Les *fig.* IX, X et XI, *Pl.* III, et les *fig.* IX, X et XI, *pl.* IV, sont des perles longues en pierre de diverses formes, les unes des dolmens, les autres de la grotte. M. Cartailhac en a également trouvé quelques-unes qui se rapprochent plus ou moins des types que j'ai dessinés. La pierre dont elles sont formées n'est pas toujours la même : tantôt c'est un simple calcaire blanc (oolithe du Larzac), tantôt un tronc de bélemnite, tantôt un mica-schiste argileux d'un rouge sombre presque noir, qui se retrouve parmi les cailloux roulés de la Sorgue; enfin, sur une de ces perles en calcaire cristallin, j'ai remarqué des zones concentriques, qui me portent à la considérer comme un fragment de stalactite.

La forme extérieure a été donnée, tantôt par le frottement contre un autre corps plus dur, tantôt au moyen d'un instrument tranchant. Le forage du conduit intérieur a été fait à l'aide d'un instrument tournant, ainsi que le témoignent les stries circulaires que l'on peut facilement y remarquer. Ce conduit, au moins pour les plus longues, a été foré en l'attaquant successivement par les deux extrémités, et il présente, dans sa section longitudinale, l'aspect de deux cônes opposés par leur sommet (*fig.* XXI, *Pl.* IV). Cela indique évidemment que le forage a été fait avec un instrument pointu et tranchant sur un de ses côtés, ayant une forme triangulaire très-allongée, la seule qui puisse engendrer un cône par la rotation sur son axe. Lorsqu'on fait tournoyer la pointe d'un canif dans une pierre tendre, on obtient absolument la même forme de trous. Un éclat très-effilé de silex emmanché comme un avant-clou dans une petite tige de bois, était certainement l'outil dont on se servait pour forer ces perles.

E. *Objets en coquilles.* — Parmi ces objets, nous devons citer d'abord les nombreux petits disques percés que nous avons mentionnés au chapitre précédent, formés d'un carbonate de chaux d'un blanc laiteux analogue au test des coquilles. M. Ed. Lartet a rapporté les disques de ce genre qu'il a trouvés à Aurignac, à la partie épaisse du test d'une coquille marine du genre *Cardium* (*Bucarde* ou *Cardium edule*), et M. Desnoyers a fait la même détermination pour des disques semblables, composant un collier trouvé à Vignely, près de Meaux.

Les populations de l'âge de la pierre, brute ou polie, employaient aussi comme ornements des coquilles entières, soit d'espèces vivantes, soit fossiles.

Pl. IV, *fig.* XIII, j'en ai figuré une du genre *Erato* (Rossi), dont la spire avait été tronquée de façon à pouvoir l'enfiler dans le sens de son axe. Elle provient de l'un des dolmens de Pilande. Dans d'autres dolmens des environs de Saint-Affrique, j'en ai trouvé du même genre ou de genres voisins, tronquées de la même façon, ce qui ne laisse aucun doute sur l'origine humaine et intentionnelle de cette opération.

Pl. III, *fig.* XV, j'ai représenté une autre coquille turriculée, mais dont le mode de suspension était différent. C'est un *Ptérocère* dont l'aile a été percée de façon à la suspendre, non plus en guise de perle, comme la précédente, mais en guise de pendeloque. Elle provient de la grotte de Saint-Jean et se trouve au musée de Rodez. J'ai trouvé dans la grotte de Bize (Aude), qui est au moins de l'âge du renne, une coquille du même genre, percée de la même manière.

Les deux coquilles que je viens d'indiquer, et qui se rapportent à des mollusques marins, happent fortement à la langue, mais il est assez difficile de dire si c'est par suite de l'ancienneté de leur enfouissement, ou parce qu'elles seraient fossiles et proviendraient des terrains tertiaires supérieurs[1]. Dans l'un et l'autre cas, elles indiquent encore, pour ces populations qui habitaient une région géologique plus ancienne et un pays montagneux éloigné de la mer, des relations d'échange et de commerce avec les tribus voisines.

F. *Objets en os travaillés.* — Les objets de cette catégorie sont peu nombreux. Ce sont d'abord des pièces destinées à être suspendues aux colliers (*fig.* IV et XIV,

[1] L'analogie ne permet pas de rien préjuger à cet égard. Les coquilles de Bize provenaient certainement de mollusques contemporains des hommes qui s'en décoraient, et aujourd'hui encore les naturels de l'Océanie se font des colliers et des couronnes avec des coquilles d'espèces vivantes. D'autre part, en Belgique, dans la caverne de Chaleux, près de Dinan, on a trouvé des coquilles fossiles qui avaient été employées au même usage et qui provenaient de la Champagne.

Pl. III), provenant de la grotte de Saint-Jean d'Alcas. L'une est un petit os long aplati à une de ses extrémités et percé en ce point d'un trou rond ; l'autre est une plaquette percée également d'un trou rond, dont le dessin m'a été communiqué par M. Cartailhac, qui mentionne en outre; dans sa lettre à M. de Mortillet, publiée dans les *Matériaux*, deux canines de carnassiers trouvées par lui dans les dolmens de Pilande.

J'ai encore reproduit *fig.* XVII, d'après la même communication, un petit fuseau en bois de cerf appointi à ses deux extrémités. MM. Lartet et Christy ont figuré dans leur bel ouvrage sur l'Aquitaine (B. *Pl.* VI, *fig.* XXV) des fuseaux du même modèle, que M. Christy regarde comme ayant servi à confectionner des hameçons de pêche suivant le mode indiqué pag. 51, *fig.* XIV. Nous ne pouvons pas supposer au fuseau de Saint-Jean d'Alcas une telle destination, car dans les montagnes de l'Aveyron un hameçon de cette taille eût été un meuble parfaitement inutile; mais si l'on redresse la tige de l'hameçon et qu'on la prolonge, on aura une excellente flèche. Aussi suis-je porté à regarder ce fuseau comme une pointe de flèche qui s'attachait par un lien à l'extrémité de la hampe, comme je l'ai représenté par une ligne ponctuée. La pointe inférieure formait une barbe qui l'empêchait de sortir de la blessure, et assurait la mort et la capture de l'animal qui en était frappé.

La *fig.* III, *Pl.* III est un cubitus de petit mammifère

appointi à une extrémité de façon à pouvoir servir d'épingle.

Pl. IV, *fig.* XVI est figuré le seul morceau d'os travaillé que j'aie trouvé dans les trois dolmens dont je me suis occupé ici ; il provient de l'un de ceux de Pilande. C'est un petit os légèrement conique, portant des stries longitudinales régulières. Je serais assez disposé à le considérer comme le corps d'une grosse aiguille.

Pl. III, *fig.* II est dessiné un fragment de côte portant des stries faites par un instrument tranchant. Il est fâcheux de ne pas avoir eu le morceau entier : il portait peut-être quelque ébauche de dessin dans le genre de ceux qui ont été trouvés à Bruniquel et dans la Dordogne, bien que les hommes de l'âge de la pierre polie ne paraissent pas en général avoir conservé les goûts artistiques de ceux de l'âge du renne.

G. *Poteries.* — Platon fait remarquer que la fabrication des poteries a dû être une des premières industries créées par l'homme, attendu qu'elle ne nécessite pas l'emploi des métaux. L'usage de la poterie est, en effet, très-ancien, et les hommes de l'âge du renne le connaissaient déjà. Mais celles de cette époque sont très-grossières et à peine cuites ; à l'époque de la pierre polie elles commencent à être mieux travaillées, et peut-être essayait-on déjà d'employer le tour ou roue de potier. Celles qui sont plus fines et naïvement ornées n'étaient pourtant encore que des objets assez rares, et les plus abondantes sont grossières et identiques à celles de l'âge précédent.

Les débris de poteries ont été très-rares dans la grotte de Saint-Jean-d'Alcas. Je n'ai trouvé que quelques fragments appartenant à la panse d'un même vase, qui devait être assez grand, si j'en juge par la faible courbure de ces morceaux. La pâte noirâtre, ne contenant que de très-petits grains de spath calcaire, est assez fine; elle est tendre et molle, facilement rayée par le fer et même par l'ongle, et fait légèrement effervescence avec les acides. Elle n'est pas cuite et elle rougit par la cuisson, résultat que j'ai obtenu en quelques secondes en projetant, à l'aide du chalumeau, le dard d'une flamme sur un point de l'un de ces fragments. Cette poterie doit sa couleur à la présence de l'hydroxyde noir de fer, dont j'ai retrouvé de petits morceaux dans l'intérieur de la pâte, et qui se transforme à une haute température en peroxyde anhydre rouge.

Ces fragments témoignent d'un travail assez soigné, par leur faible épaisseur (6 à 7 millimètres), relativement à la dimension probable du vase.

M. l'abbé Ravaille avait eu la bonne fortune de rencontrer un vase entier; malheureusement il doit l'avoir brisé, car je ne l'ai pas retrouvé au musée de Rodez. La pâte était noirâtre avec des grains quartzeux (?), et la forme et la grandeur étaient à peu près celles d'une de nos écuelles. Il portait sur les côtés, en guise d'anse, un renflement en bouton, comme certaines poteries des lacs de la Suisse et des cavernes de l'âge du renne (Bize).

Il était, paraît-il, posé sur le sol de la grotte, au-dessous des cadavres.

Les fragments que j'ai trouvés dans les dolmens de Pilande sont plus abondants, mais il m'a été impossible de parvenir à reconstruire une portion un peu considérable d'un seul vase. Quelques-uns sont aussi fins que les précédents, les autres sont beaucoup plus grossiers. La pâte présente les mêmes caractères ; seulement, pour certains, elle est grise au lieu d'être noire, la matière colorante s'y trouvant en moins grande quantité.

Les plus grossiers, qui sont aussi les plus épais, indiquent une cuisson de la pâte très-imparfaite encore, mais dans tous les cas plus prononcée et plus vive que dans les précédents. Ils sont, en effet, noirs au milieu et rouges sur les faces ; le feu n'a donc pas pénétré toute la pâte. Si la teinte rouge ne s'observait que sur la face externe, on pourrait penser qu'elle n'est pas due à une cuisson primitive, mais simplement à l'action du feu pendant la coction des aliments, et cela peut bien être en partie, car la zone rouge est plus épaisse à l'extérieur qu'à l'intérieur. Mais pour expliquer la teinte rouge de la face interne, il faut nécessairement recourir à une cuisson primitive et imparfaite du vase. M. l'abbé Cochet, qui jouit sur ces sujets d'une juste autorité, pense que les vases de cette sorte étaient faits en appliquant l'argile sur des formes en bois, que l'on faisait disparaître après la dessiccation, en soumettant le tout à l'action des flammes qui dévoraient le bois. Ainsi s'expliquerait cette teinte rougeâtre que l'on observe à l'intérieur et à l'extérieur de ces antiques débris.

D'autres fragments sont simplement séchés au soleil. Ils présentent des inégalités d'épaisseur, des successions de trous et de bosses à l'extérieur, qui ne me paraissent guère compatibles avec l'usage du tour, tandis que la surface interne présente une rectitude parfaite, ce qui paraît s'accorder très-bien, au contraire, avec le mode de fabrication que j'ai indiqué ci-dessus, d'après M. l'abbé Cochet. Seulement, comme ces fragments n'offrent aucune trace de cuisson, il faut supposer qu'ils appartenaient à des vases à large ouverture comme des écuelles, dont la forme permettait de retirer facilement le moule intérieur; ou que celui-ci, comme les formes actuelles des bottiers, pouvait, après la dessiccation du vase, être retiré par pièces.

Certains morceaux présentent, au contraire, des inégalités à l'intérieur, tandis que sur la surface extérieure, qui est plus unie, on voit très-bien les traces de la doloire en bois avec laquelle on les a polis. Ces vases-là ont été évidemment montés à la main, et on a uni la surface extérieure en y passant un râcloir qui a nivelé les trous résultant de l'impression des doigts du potier.

Quelques fragments m'ont offert des traces d'ornementation. L'un d'eux appartient à la partie supérieure d'un vase en forme d'écuelle, formé d'un cône très-évasé, surmonté d'un bandeau cylindrique d'environ 3 centim. de hauteur, qui en rétrécit légèrement l'ouverture. Le raccord de ces deux parties est orné par une guirlande obtenue simplement par l'impression des doigts du potier. Une autre guirlande orne le rebord de l'ouverture : elle est formée d'une série d'encoches obtenues par l'application d'un petit morceau de bois rond tenu horizontalement, et faisant un angle constant de 45 degrés avec le rayon de la bouche du vase.

Un second fragment appartient également à l'embouchure d'un vase et présente, environ à 2 centimètres au-dessous du bord, un bandeau saillant coupé, de distance en distance (1 centimètre environ), d'entailles verticales produites par l'impression de l'ongle et de l'extrémité du petit doigt du potier. L'impression du pouce a produit ailleurs un autre genre d'ornementation, consistant en dépressions de la pâte ; le fragment que j'ai entre les mains ne présentant qu'une seule de ces dépressions, il est impossible de savoir dans quel ordre elles étaient rangées sur le vase. Un autre morceau présente un bourrelet plus saillant que le précédent, en crête aiguë et non arrondie, avec des encoches juxtaposées les unes à la suite des autres, produites par l'application d'un morceau de bois non dégrossi. Sur un autre encore, le bandeau moins saillant a reçu des impressions en forme de croissant.

Ces vases étaient-ils destinés à recevoir des provisions pour les morts? On pourrait le penser, en les voyant accompagnés d'ossements d'animaux dont nous allons bientôt nous occuper, d'autant plus que dans les dolmens quelques morceaux d'os longs de mammifères ont présenté de légères traces de calcination. On pourrait aussi attribuer la présence de ces vases à un rite funéraire se rattachant à la consécration première de la sépulture, surtout si la position de celui indiqué par M. l'abbé Ravaille comme ayant été trouvé posé debout sur le sol de la grotte au-dessous des cadavres, a été bien observée. Le peu d'importance des débris de poterie trouvés dans cette grotte, et l'impossibilité de conserver des liquides dans ces terres mal cuites, me porteraient à adopter, au moins pour cette localité, cette dernière opinion.

OSSEMENTS D'ANIMAUX.

Quelques ossements d'animaux ont été trouvés dans la grotte de Saint-Jean d'Alcas et dans les dolmens de Pilande et des Costes, qu'ils proviennent de l'usage d'ensevelir avec les cadavres des hommes les animaux familiers qui vivaient avec eux, ou de provisions alimentaires que la sollicitude des survivants aurait déposées à côté des morts. Quoi qu'il en soit, c'est à cette circonstance que nous devons de pouvoir connaître en partie la faune de cette époque reculée et de pouvoir la comparer à celle de nos jours.

Bien que les ossements que nous avons maintenant à examiner soient peu nombreux, ils n'en représentent pas moins un nombre d'espèces assez considérable.

M. l'abbé Ravaille citait sans autre développement « des

ossements de mammifères et d'oiseaux de proie » ; ils ont été malheureusement perdus, car je n'ai retrouvé à Rodez que deux dents d'herbivores.

Je ne crois pas pouvoir rapporter à l'époque de l'ensevelissement des cadavres humains un humérus de *taupe* que j'ai trouvé dans la grotte de Saint-Jean d'Alcas.

A. *Rongeurs.* — Les *rongeurs ordinaires* sont représentés par deux espèces :

1° Le *rat d'eau (Arvicola amphibius)*, qui habite encore aujourd'hui les eaux de nos lacs et de nos rivières. Il se nourrit de poissons, et sa chair n'est pas absolument immangeable. Nos paysans du Midi mangent ces animaux, et il est probable qu'il a pu en être de même à l'époque des dolmens. Il est représenté par un demi-maxillaire inférieur, trois incisives, un humérus, un tibia avec le péroné, et deux fragments de tibias, le tout provenant de la grotte de Saint-Jean d'Alcas.

2° Le *campagnol* (*Arvicola arvalis*), plus petit que le précédent, est représenté par la portion faciale d'un crâne provenant de l'un des dolmens de Pilande, un demi-maxillaire inférieur, une incisive et un fragment de bassin provenant de la grotte.

Quelques autres ossements, tels qu'un humérus avec une perforation épitrochléenne, un fémur auquel manque l'épiphyse inférieure, m'ont paru devoir se rapporter également à des rongeurs ordinaires, sans qu'il m'ait été possible d'en déterminer exactement l'espèce.

Aux *rongeurs duplicidentés* appartiennent un très-petit nombre d'ossements provenant tous de la caverne de Saint-Jean d'Alcas.

1° Une espèce de la taille du *lapin* (*Lepus cuniculus*), représentée par un tibia, deux métatarsiens et une phalange.

2° Une espèce de la taille du *lièvre* (*Lepus timidus*), représentée seulement par un fémur ayant appartenu à un individu encore jeune. Ce fait est intéressant, car le lièvre, si estimé de nos jours et même dès l'époque celtique [1], paraît au contraire, dans les diverses stations de l'âge de la pierre, avoir été repoussé en quelque sorte de l'alimentation, comme il l'est encore aujourd'hui en Laponie et dans une partie de la Russie.

B. *Carnivores*.—Les animaux de cet ordre dont nous avons retrouvé les restes dans nos recherches à Saint-Jean d'Alcas et dans les dolmens qui nous occupent, appartiennent à trois espèces, peut-être quatre.

1° Le *blaireau* (*Meles taxus*). Des ossements de cette espèce ont été rencontrés dans un grand nombre de cavernes, notamment dans celles de Lunel-Viel (Hérault), dont le remplissage paraît être antérieur à l'existence de l'homme dans nos contrées. Le blaireau de ces dernières ne doit pas être rapporté à une espèce différente de l'espèce européenne actuelle, bien que, d'après MM. Marcel

[1] D'après M. le Dr Eug. Robert, ses ossements se rencontrent fréquemment dans les barrows.

de Serres, Dubrueil et Jeanjean, elle présente avec celle-ci quelques différences de dimension. L'espèce de Saint-Jean d'Alcas se rapproche beaucoup du blaireau de Lunel-Viel, comme on le verra dans le tableau ci-joint, où ses dimensions sont mises à côté de celles de celui-ci et de celles du plus gros et du plus vieux blaireau de l'époque actuelle qu'aient pu se procurer les auteurs des *Recherches sur les ossements des cavernes de Lunel-Viel.*

	BLAIREAU DE		
	La Roque	Lunel-Viel	St-J.-d'Alcas
Distance entre les pointes des apophyses orbitaires des frontaux.......	36 mm	40 mm	38 mm
Distance depuis le bord incisif entre les deux incisives moyennes, jusqu'au point où les deux arêtes qui partent des apophyses post-orbitaires se réunissent pour former la suture sagittale.......................	84	87	89
Écartement des tubercules moyens et externes des deux tuberculeuses supérieures....................	42	44	44
Intervalle entre les faces externes des deux canines supérieures........	30	33	32

On voit que les ossements du blaireau de Saint-Jean d'Alcas, plus forts que ceux du blaireau actuel, sont dans une égalité de proportion remarquable avec ceux de Lunel-Viel.

Buffon pense que la division des blaireaux, faite par du Fouilloux en *porchins* et *chenins*, n'est qu'un préjugé.

Il n'y a évidemment là qu'une seule et même espèce; mais il n'en est pas moins intéressant de remarquer que l'excédant de taille des blaireaux de Lunel-Viel et de Saint-Jean d'Alcas sur celui d'Europe répondrait en quelque sorte à la description que du Fouilloux fait des porchins, qui seraient d'après lui plus gros de corps et de tête que les chenins.

MM. de Serres, Dubrueil et Jeanjean, se basant sur l'usure des dents, attribuaient les ossements trouvés par eux à Lunel-Viel à un individu très-âgé, et pensaient que c'était peut-être à son grand âge qu'il devait cet excès de taille. Le crâne et les maxillaires inférieurs que nous avons trouvés dans la grotte de Saint-Jean d'Alcas ne peuvent pas nous laisser un pareil doute. Les dents ne sont pas usées, les pointes en sont aiguës ou acérées, les arêtes vives, et tout annonce un individu adulte, mais qui n'avait pas atteint à sa mort un âge très-avancé.

Comme le blaireau habite des souterrains qu'il est très-habile à creuser, on pourrait penser que celui-ci est peut-être mort dans sa tanière, creusée longtemps après l'ensevelissement des cadavres humains ; mais s'il en était ainsi, nous aurions retrouvé le squelette entier, tandis que nous n'avons rencontré que la tête seule. L'état de cette pièce n'offre d'ailleurs aucune différence avec celui des ossements humains; comme eux, il happe fortement à la langue, et il paraît parfaitement de la même époque.

La chair du blaireau, dit Buffon, n'est pas absolument mauvaise. Il n'y a donc aucune difficulté à admettre qu'il soit entré dans la nourriture des vieilles populations de nos pays. L'âge de l'individu de Saint-Jean d'Alcas, et l'absence de la partie la plus considérable du squelette, en ne permettant pas de penser qu'il soit mort sur place dans sa tanière, laissent supposer qu'il a été tué à la chasse, et donnent ainsi un certain poids à cette opinion.

2º Le *renard* (*Canis vulpes*). La chair de cet animal, malgré son odeur infecte, a certainement fait partie de la nourriture des anciens peuples. Le grand nombre d'ossements de cette espèce extraite des palafittes des lacs de la Suisse, a amené les savants qui se sont occupés de ces stations, non-seulement à cette conviction, mais encore à penser que cette viande entrait pour une part importante dans l'alimentation.

J'ai trouvé des restes de cet animal dans la grotte de Saint-Jean d'Alcas et dans les dolmens de Pilande. Dans la première, il est représenté par un humérus, un atlas, une vertèbre lombaire et une caudale, des métatarsiens, des métacarpiens, ainsi que des côtes. Les restes trouvés dans les dolmens de Pilande se rapportent à deux individus. Ce sont, en premier lieu un fragment de maxillaire inférieur du côté gauche, présentant encore la dernière fausse molaire d'un individu jeune, et en second lieu une phalange unguéale et une canine d'un adulte.

3º Le *chien* (*Canis familiaris*). Le genre *canis* est encore représenté par des débris appartenant à un animal plus grand de taille que le renard, mais plus petit que le loup, et qui doivent évidemment être rapportés au *chien*, à un individu de la taille environ d'un grand chien de chasse. Ces débris sont un fragment de maxillaire inférieur du côté droit, présentant la carnassière, et les troisième et quatrième fausses molaires, provenant de la caverne de Saint-Jean d'Alcas, et une troisième incisive supérieure du côté droit, provenant de l'un des dolmens de Pilande.

Les archéologues du Nord ont déjà retrouvé le chien dans les Kjœkkenmœdding du Danemark, et le savant professeur Steenstrup s'est assuré qu'il vivait alors à l'état de domesticité, bien que sa chair servît quelquefois aussi à l'alimentation. On l'a également trouvé domestique à l'âge de la pierre polie, dans les habitations lacustres de cette période. M. Rüttimeyer, dans sa *Faune des palafittes* [1], rapporte tous les fragments de cette espèce à une race unique et constante jusque dans les plus petits détails, et se rapprochant le plus, parmi toutes les races actuelles, de celle de nos chiens couchants. Il pense que cette race, qui appartient à l'espèce du genre *canis*, dont relèvent toutes celles de notre époque, a été domestiquée de bonne heure, utilisée dès l'origine pour la chasse, et qu'elle s'éloigne spécifiquement autant du loup que du chacal. Le peu d'importance des fragments que j'ai entre les mains ne me permet pas de rapporter avec certitude le chien de l'Aveyron à la race des tourbières (*Canis palustris*) de M. Rüttimeyer. Je ferai

[1] *Die Fauna der Pfahlbauten der Schweiz*, pag. 116-119.

seulement observer que c'est également un chien de taille moyenne [1], comme le chien d'arrêt, mais qu'il paraît se différencier du *Canis palustris* en ce que la quatrième molaire recouvre légèrement, par sa face interne, la face externe et antérieure de la carnassière ; tandis que, dans le chien des tourbières, M. Rüttimeyer signale principalement la régularité de la série dentaire [2].

Le fragment que je possède, présente le troisième trou mentonnier placé au-dessous de l'intervalle qui sépare la troisième et la quatrième fausse molaire ; mais la position de ces trous ne m'a pas semblé être un caractère constant, et elle peut même varier sur les deux branches d'un même maxillaire. Pourtant elle m'a paru ne pas dépasser en général, chez les diverses races, le niveau de la troisième fausse molaire. J'ai observé ce trou, situé entre la deuxième et la troisième de ces dents, chez des dogues, des chiens braques et des carlins, ainsi que chez des chacals ; sous la troisième, chez des Terre-Neuve, des bichons et des chiens de parc; presque entre la troisième et la quatrième, chez des chiens danois et anglais ; mais chez aucun je ne l'ai trouvé exactement placé sous l'intervalle de ces deux dernières dents, comme chez celui de l'âge de la pierre polie de Saint-Jean d'Alcas.

[1] La carnassière a, dans son diamètre antéro-postérieur, 0m,020, tandis qu'elle offre 0m,028 chez le loup, 0m,024 chez le dogue et le chien de parc, et 0m,022 chez le chien d'arrêt.

[2] *Die Zähne stehen in regelmässiger Reihe hintereinander.* (*Loc. cit.*, pag. 118.)

C. *Ruminants*. — Deux dents seulement qui se trouvent au musée de Rodez, représentent, parmi les ossements de Saint-Jean d'Alcas, la famille des *ruminants à cornes creuses*, qui comprend les bœufs, les antilopes, les moutons et les chèvres. Les bœufs et quelques antilopes ont une dentition très-caractérisée par la présence de colonnettes à la base externe ou interne de leurs molaires, comme chez les cerfs et les girafes. Mais pour les autres antilopes, les moutons et les chèvres, les caractères sont moins tranchés, et par suite la spécification assez difficile.

1° Parmi les deux dents du musée de Rodez que l'obligeance de M. Courtials m'a permis d'examiner à loisir, il y en a une qui provient évidemment d'un *mouton* (*Ovis aries*). C'est la troisième arrière-molaire du côté gauche du maxillaire supérieur. Par ses dimensions et principalement par sa longueur, elle indique un animal de taille moyenne, comme nos races indigènes actuelles, mais plutôt petit que grand. Elle est remarquable par la régularité de la courbure des croissants, qui est aussi fortement prononcée.

2° La seconde est l'avant-dernière molaire du côté droit du maxillaire inférieur. J'ai longtemps hésité pour rapporter cette dent, qui se trouvait avec la précédente, au même animal que celle-ci. La faible épaisseur, l'ampleur et la régularité de sa courbure, le rapprochement des deux lames internes d'émail des doubles croissants, qui ne laissent entre elles qu'une mince ligne de séparation; la prolongation de cette ligne qui vient former une échancrure sur le bord postérieur de la face interne, m'avaient en effet paru se rapprocher des caractères de cette molaire chez certaines antilopes, telles que des chamois et des gazelles, et notamment dans un maxillaire inférieur d'izard, que M. le pasteur Frossard, de Bagnères de Bigorre, a eu l'obligeance de m'envoyer. Un pareil résultat n'avait d'ailleurs rien qui dût surprendre, car le chamois vivait dans ces régions à l'âge du renne, comme l'a établi M. Paul Gervais à propos de la caverne de Bize[1], où il avait été signalé par Marcel de Serres sous le nom d'*Antilope Christolii*. Seulement, la dent que j'avais entre les mains aurait accusé, chez l'animal de Saint-Jean d'Alcas, des proportions un peu plus grandes que celles de l'izard des Pyrénées.

Enfin, toutes mes hésitations ont été levées par l'examen d'une branche du maxillaire inférieur d'un mouton provenant des stations de l'âge de la pierre de Mooseedorf en Suisse, qui fait partie des objets envoyés par M. le docteur Uhlmann à l'Exposition universelle. La cinquième molaire présente tous les caractères de celle de Saint-Jean d'Alcas, notamment la petite échancrure postérieure.

En réunissant les caractères que paraît indiquer cette dent à ceux fournis par la précédente, nous signalerons donc à Saint-Jean d'Alcas une race de moutons de petite stature, à formes plus grêles que les races actuelles, plus élancée, plus vive que celles-ci, ayant quelque chose de

[1] *Remarques sur l'ancienneté de l'homme dans le midi de l'Europe, tirées de l'observation des cavernes à ossements du bas Languedoc.*

la légèreté dans les mouvements, de la famille des antilopidés, caractère qui se retrouve du reste en général chez les races sauvages de la famille des ovidés. Mais ce qu'il faut surtout signaler comme le point le plus intéressant, c'est le rapprochement avec le mouton de l'âge de la pierre de la Suisse, dont M. le professeur Rüttimeyer dit qu'il était de très-petite stature, et qu'il se distinguait « par la forme élégante de ses extrémités très-déliées, grêles, et par suite assez élevées[1]. »

Ruminants à bois caducs. — Une seule dent provenant de la grotte de Saint-Jean d'Alcas représente la famille des *cervidés*. C'est une première mâchelière supérieure de lait du côté gauche du *cerf commun* (*Cervus elaphus*). Bien que tout indiquât dans cette sépulture un âge postérieur à l'existence du renne, j'ai voulu soumettre cette dent à l'examen d'une science autorisée. L'éminent auteur des *Reliquiæ aquitanicæ* a bien voulu, avec son obligeance habituelle, s'en charger, et il m'a assuré que cette dent ne saurait appartenir à un autre animal que le *cerf élaphe*.

Le bois dont a été fait le petit fuseau représenté *Pl.* III, *fig.* XVIII, d'après le dessin communiqué par M. Cartailhac, provient sans doute d'un animal de la même espèce.

[1] « ... *Dieses Schaf von sehr kleiner Statur war..... Eine andere Eigenthümlichkeit besteht in der zierlichen Bildung der sehr dünnen, schlanken und dabei ziemlich hohen Extremitäten.* » (*Loc. cit.*, pag. 129.)

D. *Porcins*. — Un petit fragment de défense d'un animal de cet ordre a été trouvé dans les dolmens des Costes. La dimension de la défense à laquelle il a dû appartenir, me porte à considérer celle-ci comme provenant d'un *sanglier* (*Sus scrofa ferus*). Mais cet animal était-il chassé dans les forêts, où il vivait en troupes, ou était-il déjà domestiqué ? M. Eug. Robert, qui le considère comme celui dont les Celtes[1] paraissent avoir tiré leur plus grande subsistance, pense qu'il pouvait bien avoir été déjà domestiqué, bien qu'il ait dû conserver pendant longtemps certains de ses caractères sauvages, qu'il n'a perdus que peu à peu, et notamment la longueur et la force des canines.

E. *Oiseaux*. — M. l'abbé Ravaille croyait que quelques-uns des ossements de Saint-Jean dAlcas qu'il a eus entre les mains, pouvaient être rapportés à des oiseaux de proie ; mais, outre que cette indication est très-vague, les pièces auxquelles elle se rapportait ont été sans doute égarées et manquent à la collection de Rodez.

Parmi les ossements que j'ai trouvés moi-même dans cette sépulture, sont quelques os d'oiseaux, savoir : 1° un humérus de *caille* ; 2° des fragments d'os long d'un oi-

[1] A la fin de ce mémoire, il doit être presque inutile de prévenir que, tout en prenant ce fait et quelques autres dans les savants travaux de M. Eug. Robert, je n'entends pas donner au mot *Celte* la même extension que cet auteur, qui semble confondre sous ce nom toutes les populations primitives, depuis celles de Saint-Acheul jusqu'aux Gaulois du temps de César.

seau de la taille du coq, mais dont il m'a été impossible de déterminer l'espèce.

F. *Poissons.* — Je n'ai trouvé aucun reste pouvant être rapporté à des poissons ; mais comme la grotte de Saint-Jean ne recélait que les débris de provisions peu considérables déposés auprès des cadavres, et non, comme les grottes habitées, les résidus des repas habituels, il ne faudrait pas conclure de cette preuve négative que les hommes de cette époque, qui trouvaient dans la chasse et la domestication des animaux la source de leurs aliments ordinaires, n'en cherchaient pas le complément dans les ressources de la pêche. Il n'en est pas moins curieux de rapprocher ce fait de l'absence des mêmes restes, constatée par MM. Garrigou et Filhol dans les cavernes de l'âge de la pierre polie des Pyrénées ariégeoises ; alors surtout que de tels débris se retrouvent dans les stations des âges antérieurs, comme par exemple à Bruniquel, où j'ai pu trouver, après bien d'autres, des vertèbres de poissons d'eau douce.

G. *Mollusques.* — Nous avons cité parmi les ornements, l'emploi d'un *erato* (voisin de l'*Erato cypræalis*?), un *Ptérocère* et probablement le *Cardium édule.* Les deux premières nous ont paru pouvoir provenir des terrains tertiaires supérieurs.

Je dois ajouter à cette liste le *Cyclostoma elegans ;* les échantillons de cette coquille que j'ai rencontrés n'ont pas été employés pour la toilette.

H. En somme, les espèces animales dont j'ai retrouvé des restes, soit dans la grotte de Saint-Jean d'Alcas, soit sous les dolmens de Pilande et des Costes, sont :

La Taupe (postérieure sans doute à l'époque de l'ensevelissement), le Rat d'eau (*Arvicola amphibius*), le Campagnol (*A. arvalis*), le Lapin (*Lepus cuniculus*), le Lièvre (*L. timidus*), le Blaireau (*Meles taxus*), le Renard (*Canis vulpes*), le Chien domestique (*C. familiaris*), le Mouton (*Ovis aries*), le Cerf commun (*Cervus elaphus*), le Sanglier (*Sus scrofa ferus*).—Des oiseaux de proie (?), la Caille,........(?) — Le *Cyclostoma elegans*, le *Cardium edule* (?), l'*Erato* (*cypræalis* ?), le *Pteroceras*..... (ces deux derniers peut-être fossiles).

Parmi tous les vertébrés que nous avons énumérés, il n'y en a aucun dont l'espèce soit éteinte, mais il y en a qui ont complètement disparu des montages des Cévennes, comme le cerf et le sanglier. L'histoire, dont les premiers bégaiements ne commencent qu'après l'âge de la pierre polie, nous donne des notions précises sur l'époque à laquelle ces espèces ont disparu définitivement de cette région.

Le 16 mars 1361, Gibert de Peirefort, seigneur et baron d'Hierle, près du Vigan, confirma par un acte public à ses paysans d'Aulas les libertés dont ils jouissaient depuis un temps immémorial, et à la suite de celles-ci, il leur en concéda de nouvelles, parmi lesquelles se trouve le droit de chasser, outre le lièvre, le lapin, la perdrix et autres gibiers, le sanglier, le chevreuil, l'ours et les autres bêtes sauvages, dont ses prédécesseurs avaient jusqu'à ce jour réservé la chasse pour eux. Le 10 mars 1654, les habitants d'Aulas firent encore ratifier leurs libertés et leurs privilèges par Christofle de Montfaucon, baron d'Hierle, leur seigneur. Ils lui représentèrent entre autres choses qu'ils jouissaient de « la liberté de chasser aux lièvres, lapins, perdrix et autres volatiles non domestiques, comme aussi au cerf, sanglier, chevreuil, ours, loup et autres bêtes sauvages, dans toute ladite terre et baronnie d'Hierle. »

Cette pièce, que j'ai eu le bonheur de rencontrer au milieu d'anciens papiers de famille, est intéressante pour l'histoire de la faune des Cévennes, puisqu'elle nous prouve que le cerf, le chevreuil, le sanglier et l'ours vivaient encore dans ces montagnes au XIVe et au XVIIe siècle de notre ère.

RÉSUMÉ. — CONCLUSIONS.

D'après les travaux des savants les plus autorisés sur ces matières[1], en suivant sur une carte la distribution des dolmens, on est frappé d'abord de les voir circonscrits dans une zone qui s'étend depuis les bords de la Baltique, en formant une chaine presque continue à travers le Danemark, la France et l'Afrique septentrionale, jusqu'aux frontières de l'ancienne Cyrénaïque. Un second regard plus attentif fait découvrir des groupes de ces monuments, qui jusqu'à maintenant paraissent isolés, en Asie, aux Indes et en Palestine; en Europe: dans la Crimée, la Grèce, la Corse et l'Étrurie. Ainsi, la zone des dolmens n'est pas aussi bien limitée que ce qu'on serait tenté de le croire dès le début, et, pour ne parler que de notre pays, on en a découvert, dans ces derniers temps, dans des régions où l'on croyait qu'il n'en existait pas, notamment en Provence aux environs d'Apt. D'autre part on a remarqué qu'ils se trouvent en majorité, dans l'intérieur, à proximité des cours d'eau, et pourtant les rives du Rhône, de la Saône, de la Seine et de la Loire supérieure, qui ont été de tout temps fréquentées par le commerce et même dès avant le temps de César, en sont presque complètement privées.

[1] MM. Alex. Bertrand, baron de Bonstetten, etc.

On pourrait peut-être penser, d'après tout cela, que c'est à une cause postérieure qu'est due la délimitation actuellement si nette de ces monuments dans certains pays et dans certaines localités, et que primitivement ils devaient couvrir une aire plus étendue et sans doute moins régulière. J'ai retrouvé, par exemple, dans la partie littorale du département de l'Hérault, des traces de dolmens ruinés, mais uniquement dans les lopins de terre non livrés à la culture qui portent dans ce pays le nom de garrigues. Dans les riches vignobles de cette partie du bas Languedoc, je n'ai rencontré que le souvenir de monuments mégalithiques, dans le nom par exemple de *peyreficade*, provenant certainement de menhirs dont on ne retrouve plus la moindre trace[1].

Quoi qu'il en soit, ces monuments sont répandus sur toute l'Europe, et malgré leur plus grande accumulation sur une ligne que j'ai indiquée plus haut, il ne me paraît pas que l'on puisse dire *à priori* qu'ils indiquent un monde complètement distinct du monde *Aryen*, comme le pense M. Alex. Bertrand; d'autant plus que les *tumuli* de l'âge du bronze, dont un grand nombre ne sont en quelque sorte que des dolmens ensevelis dans un monticule, sont incontestablement postérieurs à l'introduction, dans nos pays, de la civilisation Aryenne.

Il y a eu évidemment, depuis l'époque qui nous oc-

[1] Tel est le nom d'un tènement situé au centre du vignoble de Villeveyrac, dans le canton de Mèze.

cupe jusqu'à la période gallo-romaine, une transformation des dolmens en tumuli et dolmens à auge, qui a abouti au sarcophage, transition constatée et démontrée par le savant baron de Bonstetten.

Dans le Nord, sur les bords de la Baltique, en Danemark, dans la plus grande partie de l'Angleterre, les dolmens renferment exclusivement des objets de l'âge de la pierre, tandis que les tumuli ne recèlent que des objets appartenant exclusivement à l'âge de bronze. La chose est loin d'être aussi simple en France. Ici, l'on ne trouve pas sans mélange l'âge de la pierre d'un côté, l'âge du bronze de l'autre. Enfin, dans les dolmens du nord de l'Afrique, le bronze et même le fer paraissent complètement substitués à la pierre ; toutefois ces monuments se sont modifiés avec les différentes époques, et ceux de l'Algérie sont de ces petits dolmens à auge qui, d'après M. de Bonstetten, font la transition vers le sarcophage.

« Il est pourtant encore permis de croire, comme le dit avec juste raison M. A. Bertrand, que la race qui a élevé les dolmens de France est la même que celle qui a élevé ceux de la Poméranie, du Hanôvre, du Danemark et de l'Angleterre. » Seulement, pour le savant directeur de la *Revue archéologique*, cette race n'est certainement pas Aryenne; tandis que, pour nous, l'étude que nous venons de faire dans ce travail ne nous permet pas de nous prononcer ainsi, et nous porterait au contraire à considérer les dolmens de l'Aveyron, au moins, comme dus à l'influence d'une première horde avancée d'envahisseurs se rapprochant beaucoup du type Celte [1].

Cette race en a trouvé une déjà établie dans nos pays, et s'est mêlée avec elle, en lui imposant une partie de ses habitudes, et notamment l'usage d'élever des monuments mégalithiques, pour consacrer certaines sépultures ou la mémoire d'événements importants. Ces hommes, qui connaissaient peut-être déjà l'usage de quelques métaux, qui savaient peut-être fondre le verre, et qui certainement étaient habiles à polir la pierre la plus dure et à tailler artistement le silex, ont trouvé dans la race indigène un peuple un peu, quoique bien peu, inférieur en civilisation, qui avait déjà appris par son propre développement l'usage et la fabrication des armes et instruments en pierre polie et en silex travaillés.

Les grottes des Pyrénées ariégeoises ont montré, en effet, la pierre polie par des hommes de race Ibérienne; et lorsque, plus tard, des restes d'industrie qui paraissent moins anciens, notamment un collier de verre, ont été déposés dans une autre caverne de cette région, celle de Lombrives, que nous sommes porté à considérer

[1] Je n'emploie qu'à regret le nom de *celte*, qui est sujet à tant d'interprétations différentes; mais, enfin, l'influence qui a modifié dans l'Aveyron le type Ligure, est celle d'un type dont je retrouve les caractères principaux dans les travaux de M. Pruner-Bey et autres savants anthropologistes, sous le nom de *celte*, type qu'il sera peut-être possible de dédoubler plus tard et de mieux spécifier. Pour moi, la question celtique, qui a occasionné de si longues et si intéressantes discussions dans les séances de la Société d'anthropologie, reste encore suspendue et à trancher.

comme contemporaine de notre sépulture et de nos trois dolmens de l'Aveyron, ils l'ont été, ainsi que l'a observé M. Garrigou, par des hommes de race mêlée Celte-Ibérienne.

Cette race préétablie à ces premiers envahisseurs, est-elle la plus ancienne qui ait foulé notre sol? Sans se prononcer à cet égard, il est permis d'entrevoir aujourd'hui la solution de cette question. Notre savant confrère M. Pruner-Bey a estimé, en effet, que la race de l'âge de la pierre polie des Pyrénées ariégeoises se reliait dans le temps à celle du *diluvium* (Moulin-Quignon). Il me paraît que l'étude que nous venons de faire doit nous porter, pour ce qui est de la région du Larzac, à la considérer comme la même que celle qui vivait à l'âge du renne et de l'ours, dans la Haute-Garonne, dans le Périgord, en Belgique, etc. Nous avons, en effet, constaté dans les ossements humains que nous avons étudiés, certains caractères de l'homme du renne, tels que l'épaisseur du crâne, une tendance à un prognathisme partiel, et d'autres. Des preuves d'une autre nature, et non moins convaincantes, sont en outre tirées des traditions d'habitudes et de mœurs.

Nous avons reconnu que la race qui ensevelissait les siens dans la grotte de Saint-Jean d'Alcas, était la même que celle qui les ensevelissait sous les dolmens de Pilande et des Costes, et que ces sépultures sont de la même époque. La faune de ces dolmens et de cette grotte ne permet pas de douter qu'elles ne soient postérieures à la disparition du renne ; et pourtant, si on écarte quelques rares objets en cuivre et en verre et deux haches polies, on ne peut qu'être frappé de la similitude de la plupart des autres instruments en os, en coquilles, en silex avec ceux de Bize, de Bruniquel, de la Dordogne et d'Aurignac. La disposition de la grotte sépulcrale, les dimensions, le rétrécissement partiel de l'entrée destinée à en faciliter l'obturation, pour mettre les corps à l'abri des recherches des animaux carnassiers, viennent encore aider au rapprochement avec cette dernière, avec celle d'Orrouy, avec le trou du frontal en Belgique. Ces localités cependant sont de l'âge du renne et même de l'âge de l'ours ; mais, malgré cette différence d'époque et d'âge, on ne peut s'empêcher de voir là une même tradition et l'indice d'une même race.

Mais un grand fait est venu se produire depuis l'âge du renne. Ce n'est pas le polissage des haches, car ce polissage de la pierre, excellent sans doute comme caractéristique d'une époque, n'est qu'un progrès, un perfectionnement et non une révolution dans l'art, et ne nécessite pas, pour être compris, l'arrivée d'une race nouvelle; la loi seule du développement suffit pour en rendre compte. Le grand fait [1] qui s'est produit entre l'époque de la sépulture d'Aurignac et l'époque de celle de Saint-Jean d'Alcas, c'est l'apparition d'un métal et l'érection

[1] Il n'est pas question ici de faits étrangers à l'homme, comme la disparition de telle ou telle espèce animale.

des dolmens, qui annoncent l'intervention d'un élément nouveau. Toutefois, tandis que ces deux faits paraissent avoir été consécutifs dans le Nord, où les dolmens appartiennent exclusivement à l'âge de la pierre ; dans le Midi ils paraissent, au contraire, avoir été contemporains. Cela ressort, tant des observations exposées dans ce travail que d'autres recherches faites dans l'Aveyron, soit par M. P.-E. Cartailhac, soit par moi, les premières consignées dans une lettre adressée au savant directeur des *Matériaux pour l'histoire de l'homme*, au mois d'octobre 1865. Seulement les dolmens de l'Aveyron, au lieu d'appartenir au commencement de l'âge du bronze, comme le pensait alors M. Cartailhac, appartiennent à la fin de l'âge la pierre polie ou au prologue de l'âge des métaux, à l'*âge du cuivre* [1].

D'après certains auteurs, l'âge de la pierre avec ensevelissement serait plus ancien que l'âge de la pierre avec incinération, ou du moins celui-ci appartiendrait probablement à l'époque celtique. D'autres, comme M. Leguay, ne voient pas de différence d'âge entre les sépultures à crémation et à ensépulturement ; ils croient que les deux systèmes ont été employés simultanément, mais que les sépultures sans crémation appartenaient aux chefs, et ils attribuent celles à incinération à la multitude, aux guerriers ordinaires, aux femmes et aux en-

[1] Il l'a du reste reconnu également depuis lors, car il m'écrivait au mois de novembre dernier : « Je vais faire analyser ces bronzes ; je crois que ce n'est que du cuivre impur. »

fants. D'après d'autres auteurs encore, la sépulture sous les dolmens aurait été réservée aux chefs, les sépultures communes dans les cavernes à la multitude. Ces diverses opinions paraissent en contradiction avec les observations consignées dans ce travail. On a vu, en effet, que l'ossuaire de Saint-Jean d'Alcas et les dolmens qui l'avoisinent appartiennent à la même époque et à la même race. Ni les uns ni les autres n'offrent de traces d'incinération, et les objets que les fouilles y ont fait découvrir, ne présentent pas seulement une grande similitude, mais une identité parfaite.

Pour prouver que le bronze n'avait pas été inventé dans l'Occident, mais avait été apporté de l'étranger, on a raisonné ainsi : « Si nos ancêtres, dit-on, avaient trouvé d'eux-mêmes les moyens de réduire les métaux, ils eussent indubitablement employé d'abord celui qui offrait une moindre rareté et un aspect minéralogique plus facile à reconnaître, le cuivre. Or, on ne trouve que très-exceptionnellement un instrument de cuivre au premier âge du métal, et l'on peut dire que le bronze remplaça la pierre sans transition [1]. » Je ne veux pas me prononcer sur l'origine du bronze, qui reste encore fort douteuse ; mais je crois que les découvertes consignées dans ce Mémoire sont propres à ébranler fortement l'argument que je viens d'exposer.

M. Garrigou avait déjà montré qu'une race métisse

[1] Le Hon; *L'homme fossile*. Bruxelles, 1867, pag. 184.

Celte-Ibérienne avait habité les Pyrénées ariégeoises à la fin de l'âge de la pierre polie; nous croyons avoir montré maintenant, qu'à la même époque ou peu après, au moment où le cuivre commençait à être employé pour les ornements de la toilette, à l'époque où l'on érigeait des dolmens, les Cévennes, dans la portion au moins qui s'étend vers le Rouergue, au-dessous du Larzac, étaient également habitées par une race mêlée que nous avons considérée comme Celto-Ligure. D'après ces faits, il est donc évident que les races ne se sont pas substituées les unes aux autres dans un même pays à la suite des invasions, mais qu'elles se sont plus ou moins facilement mélangées, et cela, du reste, est logique. Quelques bouleversements qu'aient causés les plus grandes invasions, la race opprimée a dû toujours finir par se mêler à celle des envahisseurs, et même en certains endroits par faire prédominer, grâce à sa force numérique, ses caractères dans ceux de la nouvelle race.

Un autre fait indiqué dans ce travail et remarqué ailleurs par d'autres auteurs, fortifie encore cette manière de voir: c'est que les objets en cuivre et même en bronze semblent moulés sur leurs analogues en pierre, de sorte qu'il est difficile de ne pas voir là, plutôt le développement et le progrès de l'industrie d'un même peuple [1], que la substitution de l'industrie d'une race à celle d'une autre race.

[1] Quelle que soit d'ailleurs l'origine de la matière première, cuivre ou bronze; qu'elle soit due à une métallurgie indigène ou à des échanges commerciaux.

Si l'on doute encore de la réalité du développement progressif d'un même peuple, on n'a qu'à suivre la marche du peuple des dolmens. Dans le Nord, ces monuments ne renferment que des instruments de pierre ; dans ceux du Midi apparait le cuivre, et ceux de l'Afrique septentrionale sont de l'âge du bronze et même du fer. Pourtant leur distribution ne semble pas permettre de supposer qu'ils ne soient pas dus à un même peuple, dont ils tracent la marche sur la carte de l'ancien monde.

Mais quel était ce peuple? La question est ici fort difficile à résoudre. Pour M. Alex. Bertrand, il n'était pas Aryen. D'autres, allant plus loin, ont rapproché ce que l'on connait de ses habitudes de celles de certains Sémites, comme les Hébreux par exemple, dont la Bible nous a conservé les usages et les lois [1], et ils sont assez portés à le rapprocher de cette race et à le regarder comme d'origine Araméenne. D'autre part, l'étude des caractères anatomiques m'a conduit, dans ce travail, à retrouver chez ce peuple, dans le midi de la France, des caractères qui le rapprochent, d'une part du type Celtique, et de l'autre du type Ligure, tels qu'ils ont été établis par les travaux et les recherches des savants anthropologistes Pruner-Bey et Nicolucci.

On voit combien la question est difficile et embrouillée ; je me garderai fort de vouloir essayer seulement de la trancher, sur des données aussi restreintes que celles qui ont fait le sujet de ce Mémoire.

[1] Voyez *Age présumable des monuments celtiques*, par le Dr Eug. Robert. Paris, Ét. Giraud, 1864.

J'ai uniquement voulu faire connaître quelques faits observés avec soin et avec conscience, et j'ai tâché de les exposer en me mettant en dehors de tout système préconçu et de tout désir d'en tirer des conclusions nouvelles et inattendues. Vouloir en effet ériger en système des faits particuliers, est une tendance contre laquelle il faut toujours lutter, car elle entraîne naturellement tout homme qui a réfléchi longtemps sur eux. J'ai donc cru devoir me borner, après avoir énoncé ces faits, à faire connaître les perspectives qu'ils m'ont laissé entrevoir, sans chercher à les presser pour en tirer des conclusions trop précipitées.

EXPLICATION DES FIGURES.[1]

PLANCHES I ET II.

Grotte de Saint-Jean d'Alcas.

Fig. I, II et III. — Bouts de lance en silex. Musée de Rodez.

Fig. IV. — Bouts de lance en silex, avec une sorte de soie au manche. Notre collection.

Fig. V. — Bouts de lance, pouvant servir de grattoir, en silex. Musée de Rodez.

Fig. VI. — Hache polie en jade vert. Notre collection.

Fig. VII. — Hache polie en serpentine. Notre collection.

Fig. VIII et VIII *bis*. — Bouts de flèche en silex, en forme de feuilles de saule. Notre collection.

Fig. IX et IX *bis*. — Bouts de flèche en silex avec soie. Notre collection.

Fig. X. — Bouts de flèche en silex avec soie, dentés sur les bords. Notre collection.

Fig. XI. — Bouts de flèche en silex avec soie et barbes récurrentes. Notre collection.

PLANCHE III.

Grotte de Saint-Jean d'Alcas.

Fig. I. — Caillou arrondi de roche serpentineuse, pouvant avoir servi de pierre de fronde. Notre collection.

Fig. II. — Fragment de côte, portant des stries faites avec un instrument tranchant. Notre collection.

Fig. III. — Cubitus de petit mammifère, appointi en forme d'épingle. Notre collection.

[1] Toutes les figures sont de grandeur naturelle.

Fig. IV. — Os long de mammifère aplati et percé d'un trou de suspension à une extrémité. Notre collection.

Fig. V. — Rondelles de collier en test de coquilles, et en segment, de bélemnites, présentant les divers types observés. Musée de Rodez et notre collection.

Fig. VI. — Plaquette de calcaire blanchâtre en forme de cœur, percée de deux trous. Pendeloque de collier ou amulette (?). Notre collection.

Fig. VII. — Plaquette de calcaire schisteux noir bleuâtre, taillée en forme de dent et percée. Pendeloque de collier. Musée de Rodez.

Fig. VIII. — Plaquette triangulaire en lignite compacte, percée de deux trous. Musée de Rodez.

Fig. IX, X, XI. — Perles longues de diverses formes et dimensions, en pierres de différentes qualités. Musée de Rodez.

Fig. XII. — Perle longue en cuivre. Musée de Rodez.

Fig. XIII. — Boudin en fil de cuivre. Perle longue. Musée de Rodez.

Fig. XIV. — Perle en cuivre. Musée de Rodez.

Fig. XV. — Fragment d'anneau en cuivre. Musée de Rodez.

Fig. XVI. — Coquille de ptérocère percée à la naissance de l'aile. Musée de Rodez.

Fig. XVII. — Perle en calcaire. Collection Cartailhac.

Fig. XVIII. — Fuseau en bois de cerf appointi aux deux extrémités. Bout de flèche (?). Collection Cartailhac.

Fig. XIX. — Plaquette d'os percée. Collection Cartailhac.

Fig. XX. — Perle en jais ou lignite compacte. Collection Cartailhac.

Nota. — Les figures XVII à XX ont été dessinées d'après des croquis communiqués par M. Cartailhac.

PLANCHE IV.

Dolmens de Pilande et des Costes.

Fig. I. — Bout de flèche en silex, offrant la transition du type à feuille de saule au type des flèches à soie. Notre collection.

Fig. II, III et IV. — Bouts de flèche en silex, offrant les différents types déjà énumérés dans les planches précédentes. Notre collection.

Fig. v et vi. — Perles en lignite compacte. Notre collection.

Fig. vii. — Rondelles de collier en test de coquilles et en segments de belemnites, présentant les divers types observés. Notre collection.

Fig. viii. — Plaquette de calcaire blanc cristallin, percée pour être suspendue à un collier. Notre collection.

Fig. ix, x, xi et xii. — Perles longues de diverses formes et dimensions, en pierres de diverses qualités. Notre collection.

Fig. xiii. — Coquille du genre Erato, tronquée à l'extrémité de sa spire pour servir de perle. Notre collection.

Fig. xiv. — Plaquette de calcaire schisteux noir bleuâtre, taillée en forme de dent et percée. Pendeloque de collier. Notre collection.

Fig. xv. — Perle en verre vert clair fortement irisé sur la surface. Notre collection.

Fig. xvi. — Petit os légèrement conique, portant des stries longitudinales. Corps d'une aiguille(?). Notre collection.

Fig. xvii. — Perle en cuivre. Notre collection.

Fig. xviii. — Fragments d'anneau en cuivre. Notre collection.

Fig. xix. — Perles longues en cuivre, trouvées à côté les unes des autres. Notre collection.

Fig. xx. — Perle en jais ou lignite compacte. Collection Cartailhac.

Fig. xxi. — Diagramme montrant la coupe du conduit intérieur de de la perle en pierre, représentée *fig.* xi.

TABLE DES MATIÈRES

OSSEMENTS D'ANIMAUX.

RÉSUMÉ. — CONCLUSIONS.

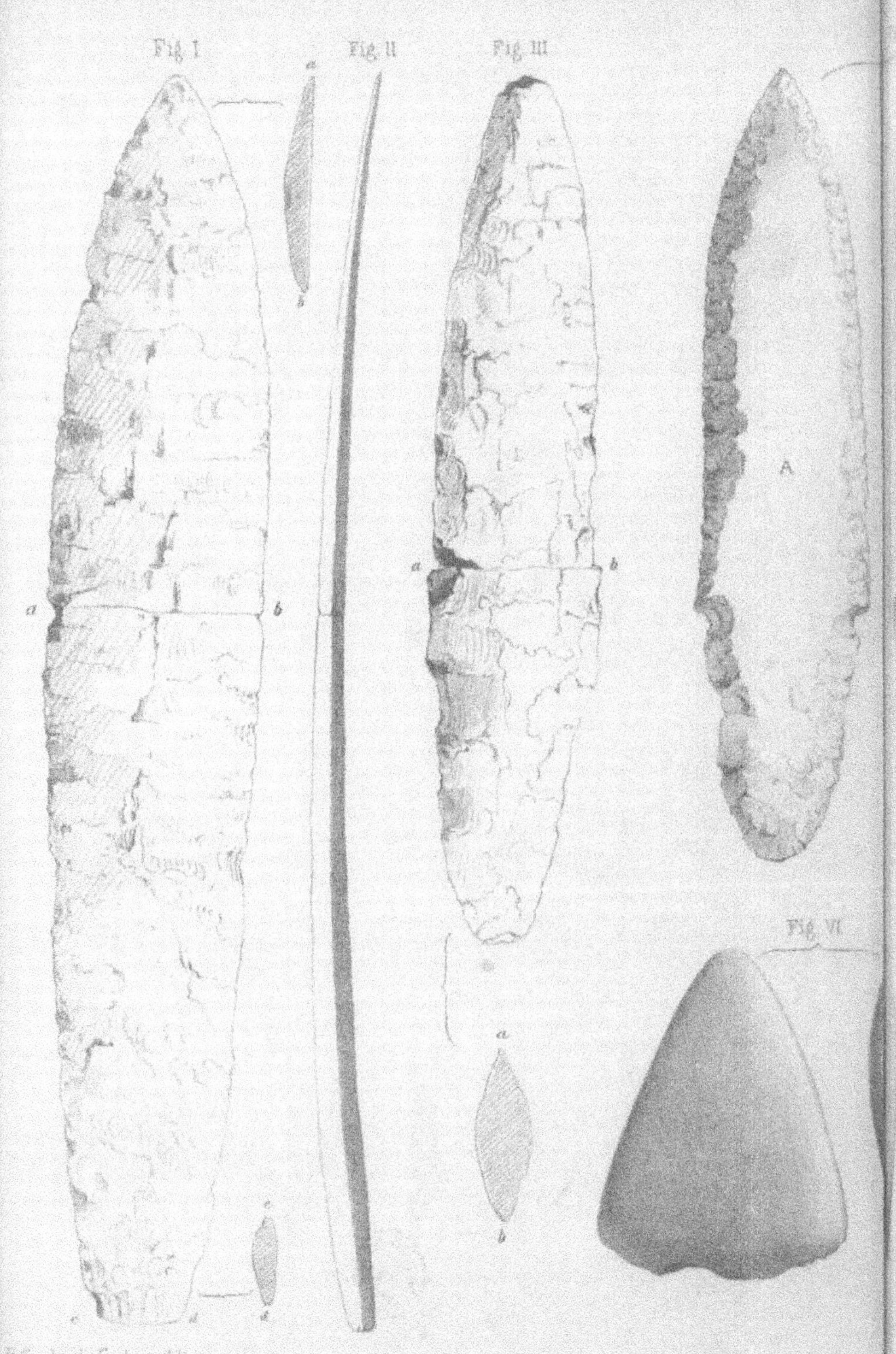
Fig. I
Fig. II
Fig. III
A
Fig. VI
a
b
c
d
P. Cazalis de Fondouce del.

Pl. I et II.

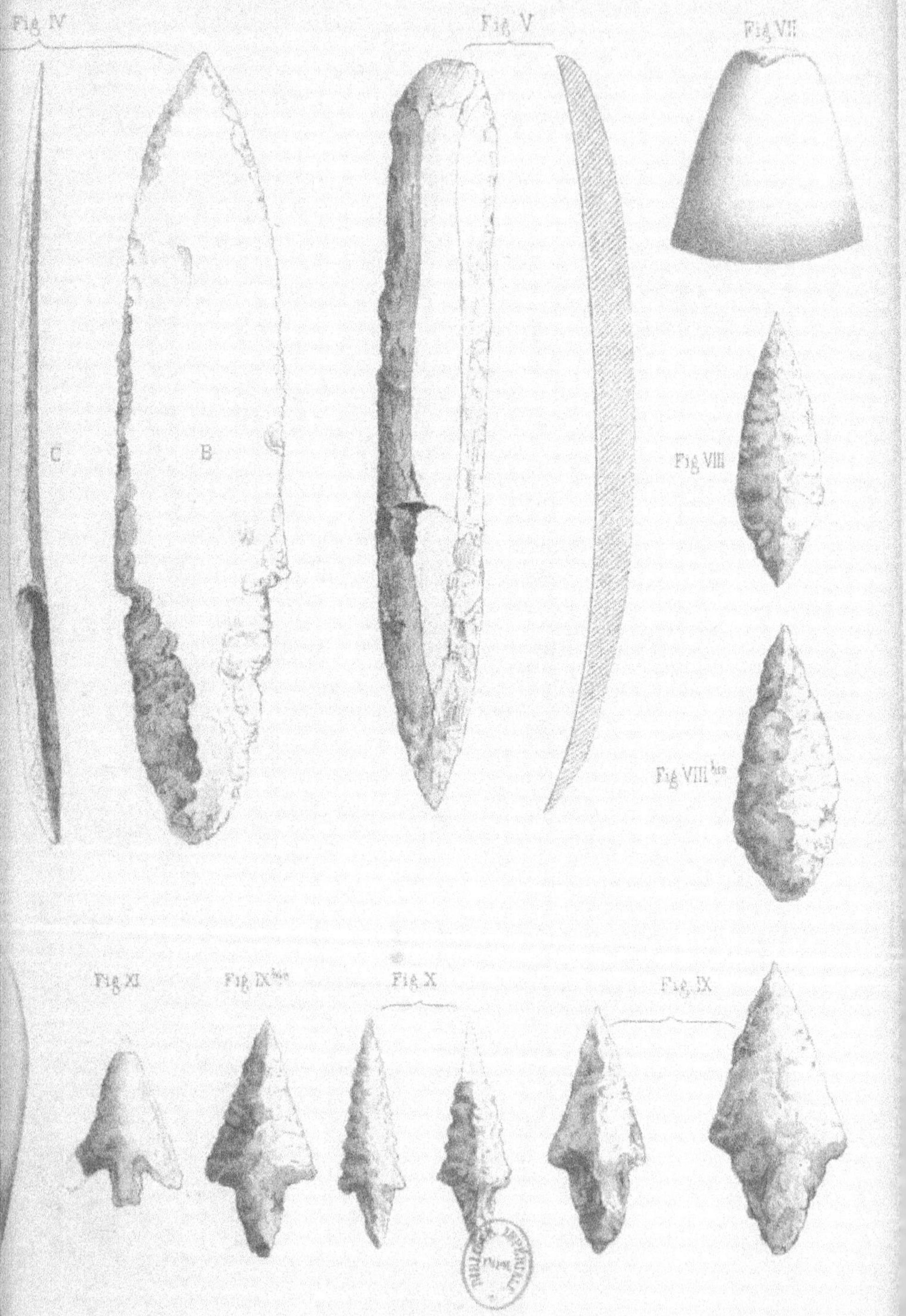

Fig. IV

Fig. V

Fig. VII

C

B

Fig. VIII

Fig. VIII bis

Fig. XI

Fig. IX bis

Fig. X

Fig. IX

Lith. Boehm & Fils. Montp.

Pl. III

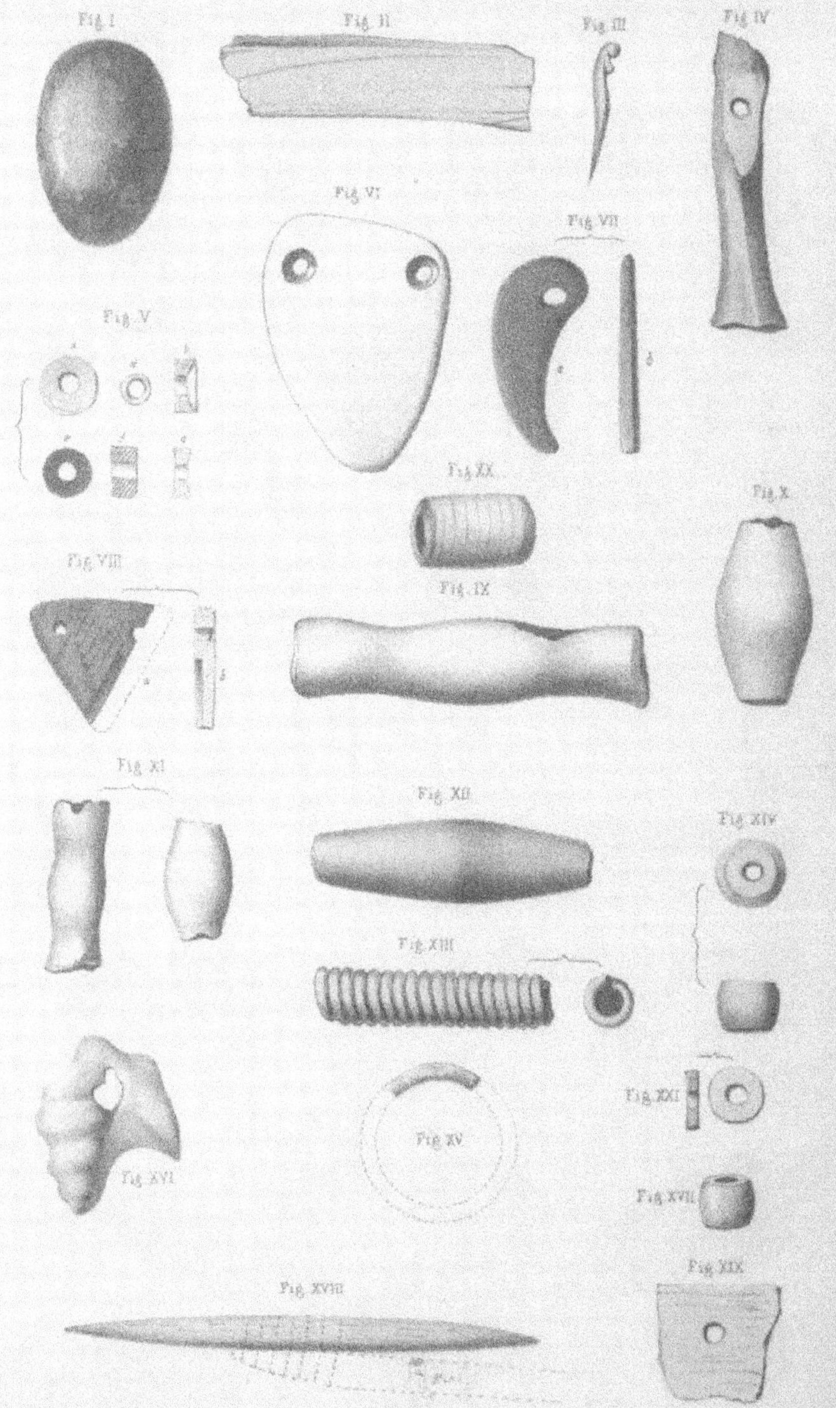

P. Cazalis de Fondouce, del.t

Lith. Boehm & Fils Montpellier

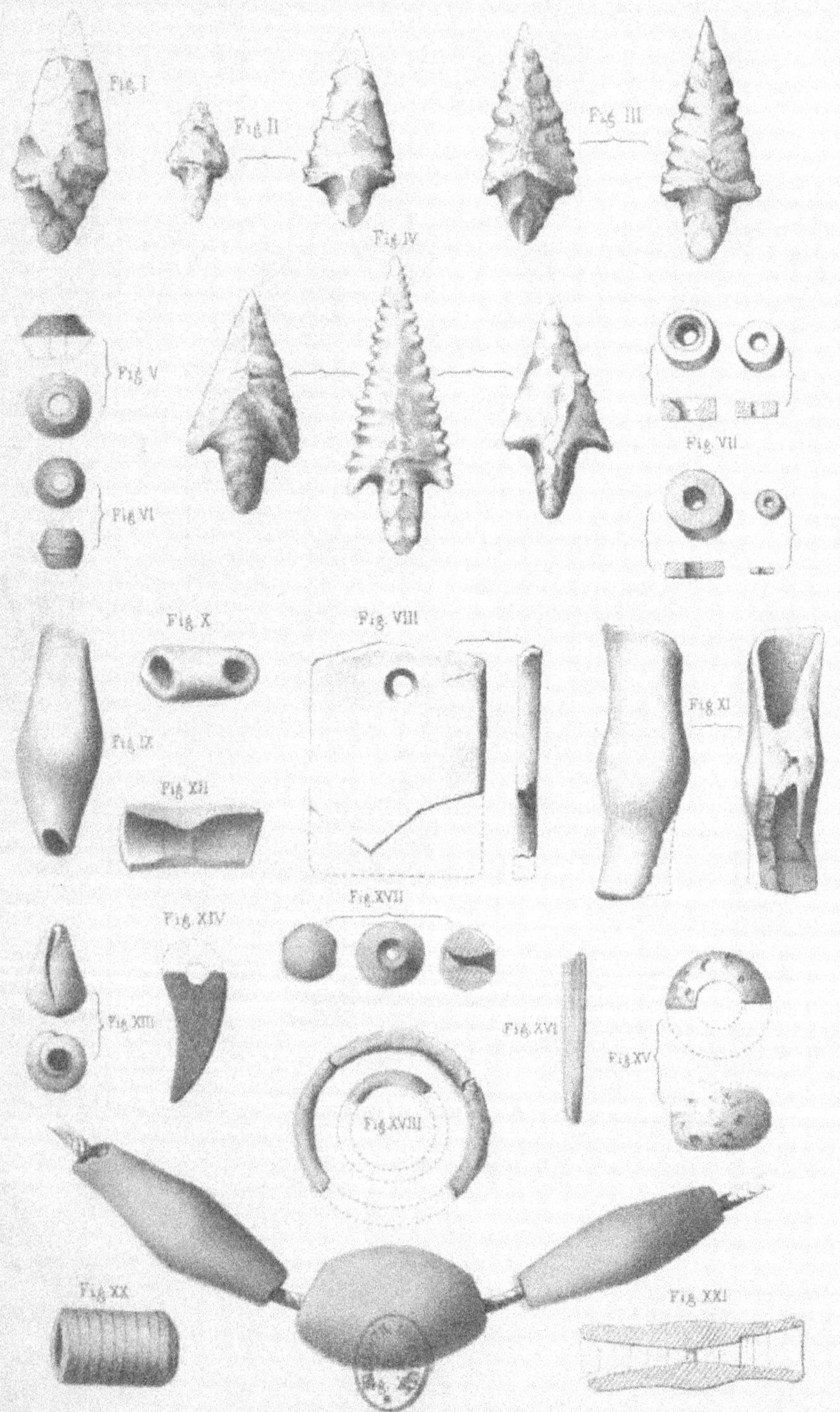

P. Cazalis de Fondouce del.

Lith. Boehm & Fils Montp.

www.ingramcontent.com/pod-product-compliance
Ingram Content Group UK Ltd.
Pitfield, Milton Keynes, MK11 3LW, UK
UKHW021555260726
13993UKWH00002B/850

9 782329 219929